كيليان مبابي

«لا أحد يستطيع أن يمنعكم من الحلم»

دار جامعة حمد بن خليفة للنشر
صندوق بريد 5825
الدوحة، دولة قطر

www.hbkupress.com

Published in the French language originally under the title:
Kylian Mbappe. Programme pour gagner

© 2019, Editions Solar, an imprint of Edi8, Paris, France
© France Football

جميع الحقوق محفوظة.

لا يجوز استخدام أو إعادة طباعة أي جزء من هذا الكتاب بأي طريقة دون الحصول على الموافقة الخطية من الناشر باستثناء حالة الاقتباسات المختصرة التي تتجسد في الدراسات النقدية أو المراجعات.

الطبعة العربية الأولى عام 2020

دار جامعة حمد بن خليفة للنشر

الترقيم الدولي: 9789927141386

تمت الطباعة في بيروت، لبنان.

مكتبة قطر الوطنية بيانات الفهرسة – أثناء – النشر (فان)

France Football.

[Kylian Mbappe]. Arabic

كيليان مبابي : لا أحد يستطيع أن يمنعكم من الحلم / France Football. - الطبعة العربية الأولى. – الدوحة : دار جامعة حمد بن خليفة للنشر: Paris, France : Editions Solar ، 2020، ©2019.

صفحة ؛ سم

تدمك: 978-992-714-138-6

ترجمة لكتاب: Kylian Mbappe. personne ne peut vous interdire de rêver.

1.مبابي، كيليان، 1998 -- أعمال للناشئة. 2. لاعبي كرة القدم -- فرنسا -- تراجم -- أعمال للناشئة. أ. دار جامعة حمد بن خليفة، هيئة إصدار، مترجم. ب. العنوان. ج. عنوان الصفحة المقابلة لصفحة العنوان: Kylian Mbappe : programme pour gagner.

GV942.7.M3928 F73125 2020

796.334092 – dc23

202027586054

كيليان مبابي

«لا أحد يستطيع أن يمنعكم من الحلم»

france football

دار جامعة حمد بن خليفة للنشر
HAMAD BIN KHALIFA UNIVERSITY PRESS

Fly
PARIS

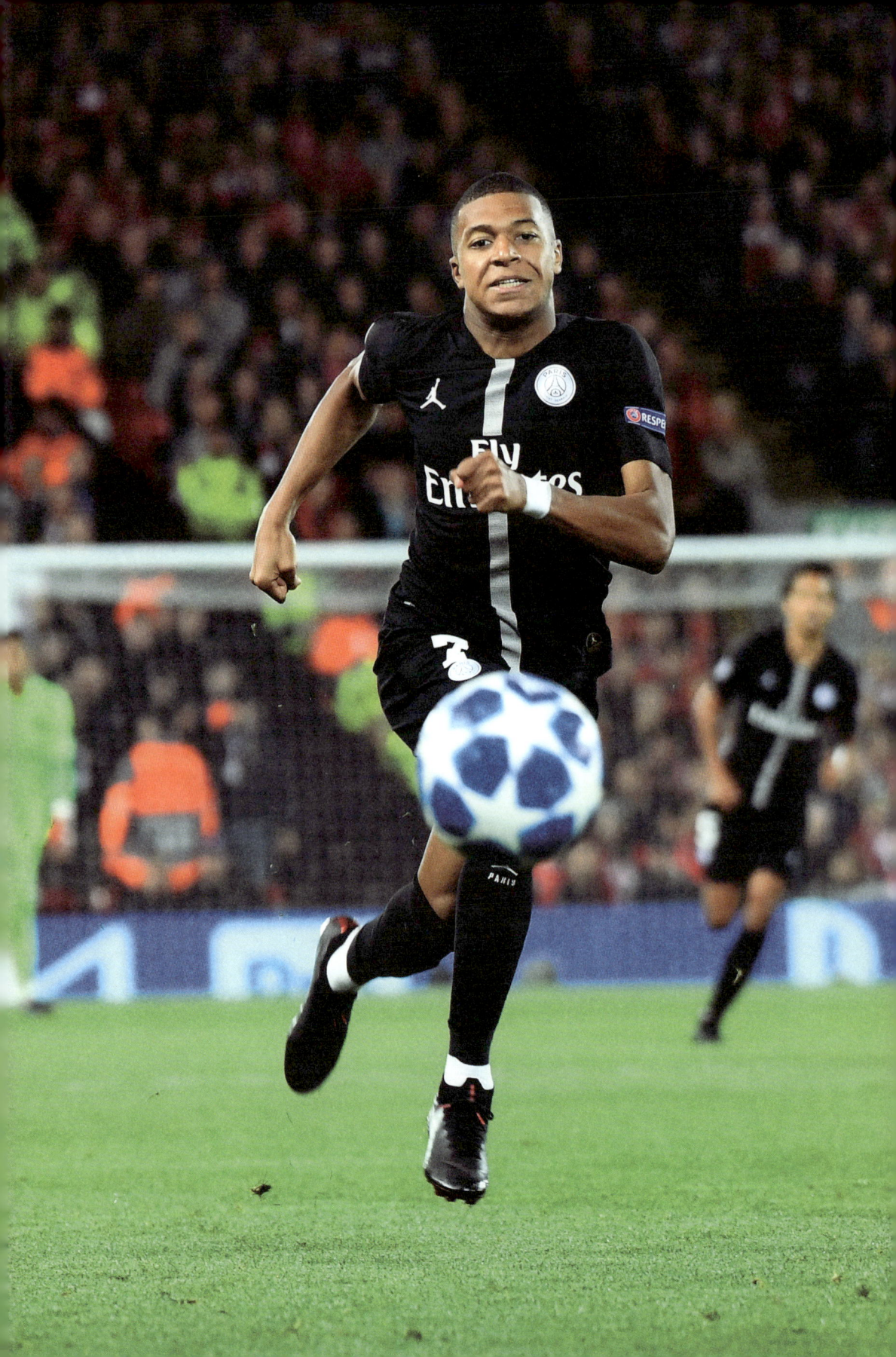

المحتويات

المقدِّمة
اللاعب العفوي 7

1 - التحمية
«لا شيء سيبقى كما كان» 9

2- بداياته
طفولة باريسيَّة 10

3 - التدريب
التحاقه بموناكو 29
«طريقه لم تكن معبَّدة،
وهذا من حظِّه» 36

4 - انفجاره
الثُّنائي الذي لا يُقْهَر 38

5 - المنتخب الأزرق
عالمه الجديد 44
2017 رواية العام الجنوني 47

6- انتقاله إلى باريس سان جرمان
«أصبح لاعبًا عظيمًا» 52
العودة إلى مسقط الرأس 64

7 - تكيُّفه
«لم أكن أتوقع كل هذا...» 70

8 - كأس العالم
«كنا نمتلك كل المقومات كي
نذهب حتى النهاية» 82
مَثله كمَثل بيليه 96

9 - تقنيته
لاعب الحدث 100

**10 - الرقم واحد في فرنسا
وكأس الكوبا**
أمل العالم الأفضل 108

11 - قاموسه الخاص 112

12 - معجبوه
حفل من الثناء 120

KYLIAN
MBAPPÉ
MEILLEUR
JOUEUR
FRANÇAIS
2018
france
football

المقدِّمة

اللاعب العفوي

في العاشرة من عمره، كان قد اختبر «المنطقة الإعلامية»[1]، مُسْتَمْتِعًا بالإجابة عن أسئلة اعتدناها بعد انتهاء كل مباراة. ولذلك، لم يكن مستغرَبًا، بعد بضع سنوات، أن نراه لاعبًا متمرِّسًا في تعاطيه مع الإعلام، متميِّزًا بصدقه وبراعته ومهارته وهدوئه في مواجهة المراوغات الصحافية.

ولأنَّه استطاع في مرحلةٍ مبكرةٍ جدًّا من حياته، أن يفكَّ شيفرات الصحافيين وحِيَلهم، نجح كيليان مبابي في أن يغدو «صيدًا ثمينًا» تسعى إليه الصحف كلُّها، من دون أن تتمَّ مقارنته بأحد.

أَلْمَعِيٌّ، حيويٌّ، شفافٌ، كُفوءٌ، حاذقٌ... بهذه الصفات يتميز مبابي عن زملائه ممَّن يرددون عبر وسائل الإعلام «دروسًا» باهتةً تعلَّمُوها من المدربين الإعلاميين الملازمين لهم.

كيليان مبابي يكتفي غالبًا بنقاشاتٍ غير رسميةٍ مع والديه، فايزة وويلفريد، بغيةَ تأكيد مواعيد خروجه وتنظيمها. هم يشكِّلون معًا شركة عائلية صغيرة، لا شيء فيها مصطنع. وهذا ما رأيناه عبر مسارهم الإعلامي (حتى الآن)، علمًا أنَّ هذه الشراكة لم تُثِر يومًا تذمُّر اللاعب الشاب.

وتعليقًا على من ينتقد عفويته المبالغ فيها، يمكن أن نستشهد بأمثلة كثيرة. ففي كل مرة يكون فيها جزءًا من حدثٍ رياضي استثنائي على غرار ذكر اسمه للمرَّة الأولى ضمن لائحة الثلاثين لاعبًا في جائزة الكرة الذهبية، وتتويجه في كأس العالم، والفوز بكأس كوبا[2]، وتسميته أفضل لاعب للعام في فرنسا من قبل فرانس فوتبول...، كان يُذهلنا ببديهته الحاضرة دومًا وعفويته وصوابه في الرد على أسئلة قد لا نتوقع بأن تقود صاحبها نحو أجوبة مماثلة. ويمكن أن نسترجع -في هذا السياق- دفتره الصغير الذي أثراه بملاحظات معبِّرة دوَّنها مذ كان تلميذًا في الصفوف الأولى.

كيليان مبابي ليس مُتَكَبِّرًا وليس ودودًا، وإنما يحمل أناقة الأشخاص المحترمين. هو ليس من النوع الذي يتفاخر بـ«أناه» لكي يُبرز نفسه، بل يُحافظ تمامًا على مسافةٍ آمنةٍ في تعاطيه مع وسائل الإعلام، مما يُساعده على تفادي العثرات والهفوات والمشاحنات، بهدوءٍ تامٍّ.

في العشرين، ما زال كيليان يستمتع بالتواجد في «المنطقة الإعلامية» بعد انتهاء المباريات، وفي المقابلات الصحافية الأخرى. ويبقى أملنا بأن يدوم هذا الأمر.

باسكال فيريه

رئيس تحرير مجلة فرانس فوتبول

1 La zone mixte.

2 جائزة سنوية تمنح لأفضل لاعب كرة قدم تحت سنّ الـ21، نسبة إلى اللاعب الفرنسي ريمون كوبا.

نجمة ثانية
هي الأولى لكيليان مبابي في بداية صعوده السريع.

1 - التحمية

«لا شيء سيبقى كما كان»

أنت اليوم بطل العالم، ما الذي سيتغيَّر فيما يتعلق بك؟

● مع كأس العالم أو من دونه، أنا شخص متطلِّع كثيرًا. وسأستمر بالتطلع نحو الأفضل، لأنَّ هذا هو التسلسل المنطقي لمساري الكروي. أُدركُ جيدًا أن لقب «بطل العالم» سيرافقني إلى الأبد، لكنَّ هذا لن يُغيِّر شيئًا في حساباتي. طموحاتي وواجباتي ستبقى كما هي. لقد أصبحت مستعدًا للمرحلة المقبلة: إخفاقان في مباراتين عاديتين سيكونان كفيلَين بجعل اللقب منسيًا.

ولكن أنت على دراية تامَّة أن كل شيءٍ سيتغيَّر؟

● بالتأكيد! وأتمنى ألَّا يبقى أيُّ شيء كما كان سابقًا. ما فعلناه كان أسطوريًا. علينا القفز بعيدًا فوق هذا النجاح لنضمن لأنفسنا الارتقاء أكثر، ولنتمكن من ترك أثر راسخ في تاريخ كرة القدم. هذا ما أريده فعلًا.

وكيف يتحقق ما تصبو إليه؟

● بدايةً من خلال الفوز بدوري الأبطال مع فريق باريس سان جرمان. سيكون هذا الفوز سابقةً في تاريخ النادي، وسيترك صدًى عظيمًا. في كلِّ الأحوال، يجب على كلِّ لاعبٍ ذي مستوى عالٍ أن يحدِّد لنفسه أهدافًا كبيرةً كي يحققها. بعد كأس العالم، يُمكنك أيضًا أن تطمح إلى كأس عالم ثانية أو ربما إلى كأس أوروبا.

ماذا عليك أن تُثْبِتَ اليوم أيضًا؟

● أحبُّ أنْ أُثْبِتَ أن الفوز ليس صُدفةً، وأنني لستُ المحظيُّ في ليلة قدرٍ هبطت من السماء. يجب أن نرسِّخ هذا النجاح الذي نحقِّقه. وآمل أن يكون هذا الفوز الكبير بداية قصة جميلة يتلقَّفها الجيل الراهن.

هل تدرك أنَّ بعض منافسيك في الملاعب -مع الأسف- يريدون أن يصبحوا «مبابي» لكي يصنعوا لحظات مجدهم الخاصة؟

● نعم، بدأت الحالة هذه مع انتقالي الكبير إلى باريس سان جرمان وأظنها ستستمر، مع فارق أنني سوف أعتادها مع الوقت. ولكن بصراحةٍ، هذا الأمر لا يزعجني البتة، وإنما يشكل حافزًا كي أكون الأفضل؛ لكونه يُقلِّص حقي في الخطأ. وقد يُساعدني ذلك في أن أقترب من الكمال الذي أطمح إليه دائمًا. لعلَّها ستغدو مرحلة جديدة تتطلب مني السيطرة على أعصابي وانفعالاتي، حتى عندما أكون بمزاجٍ متعكِّرٍ بسبب ليلةٍ لم أنم فيها جيدًا، على سبيل المثل. وسيكون عليَّ أيضًا ألا أغفل عن نفسي طَرْفَة عينٍ، لأنني لا أريد فقط أن أكون متطلِّعًا نحو الأفضل، بل أن أغدو شخصًا يُتَطلَّع إليه. ولا أرى شيئًا أجمل من تخطِّي هذا النوع من التحديات. ●

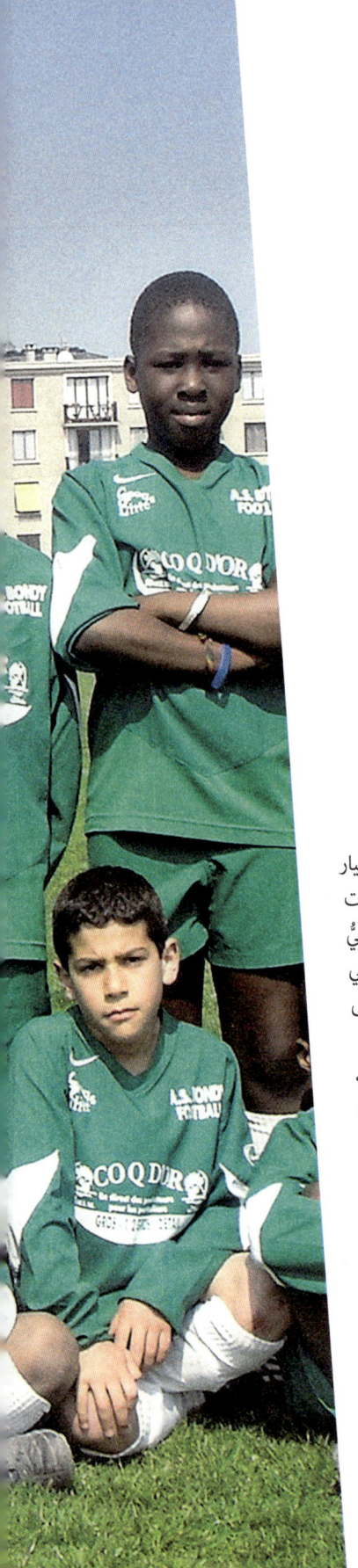

2- بداياته
(2012-1998)

طفولة باريسيَّة

في يومٍ من أيام كانون الأول (ديسمبر) من العام 1998 في باريس، استُدْعِيَ بيار مبابي إلى العيادة المحلية بعدما أنجبت فايزة -زوجة أخيه ويلفريد- صبيًّا. شكلت هذه الولادة حدثًا لكون المولود الصغير هو الحفيد الأول في العائلة. ذاك الصبيُّ سُمِّي «كيليان». يتذكر العم بيار ما جرى يومها قائلًا: «حين زرتُ قسم الولادات في المستشفى قدَّمت للمولود الجديد أول هدية، وكانت عبارة عن كرة قدم. وعلى سبيل المزاح، قلت وقتذاك لوالديه: إننا سنجعل منه لاعب كرة».

بعد أربعة أيام من ولادة الطفل، عادت العائلة إلى منزلها القابع في الدائرة الرابعة، عند درب الليلك في قلب مدينة بوندي. وداخل المبنى المؤلَّف من أربعة طوابق، ثمَّةَ شقَّة في الطابق الثاني كان قد انتقلت إليها عائلة مبابي قبل أشهر من ولادة طفلها. «كانت أمُّه حاملًا به عندما سكنت وزوجها في هذا المبنى، تتذكر الجارة مونيك. كان والداه رائعَين». ولكن ما أهميَّة عنوان هذا المنزل؟ إنَّ المبنى يطلُّ مباشرة على ملعب ليو-لاغرانج، هذا الميدان الذي لن يلبث أن يصبح مدينة ترفيهية. «كنت ألمحه ذاهبًا باتجاه الملعب حاملًا حقيبته الكبيرة على ظهره»، تُضيف مونيك. أما عمُّه بيار فيقول بأنه كان يعتبر هذا المكان حديقته الخاصة. «عندما كان والده يُدرِّب، كان كيليان يتواجد هناك. وعندما يتولَّى مدربون آخرون المهمة، كان أيضًا متواجدًا في التدريبات».

أمُّه لاعبة كرة اليد، ووالده وعمُّه متمرِّسان في لعبة كرة القدم، وله أخ غير شقيق، يكبره بعشر سنوات يُدعى جيراس كمبو-إيكوكو، كان مهاجمًا سابقًا في فريق «رين» وهو لاعب حالي في فريق «بورسابور» التركي. وفي كنفِ عائلةٍ رياضية

«كنا نطلق عليه لقب تييري هنري،
كان يتقن كل الفنيِّات الرائجة»

نوح، جار قديم ولاعب زميل

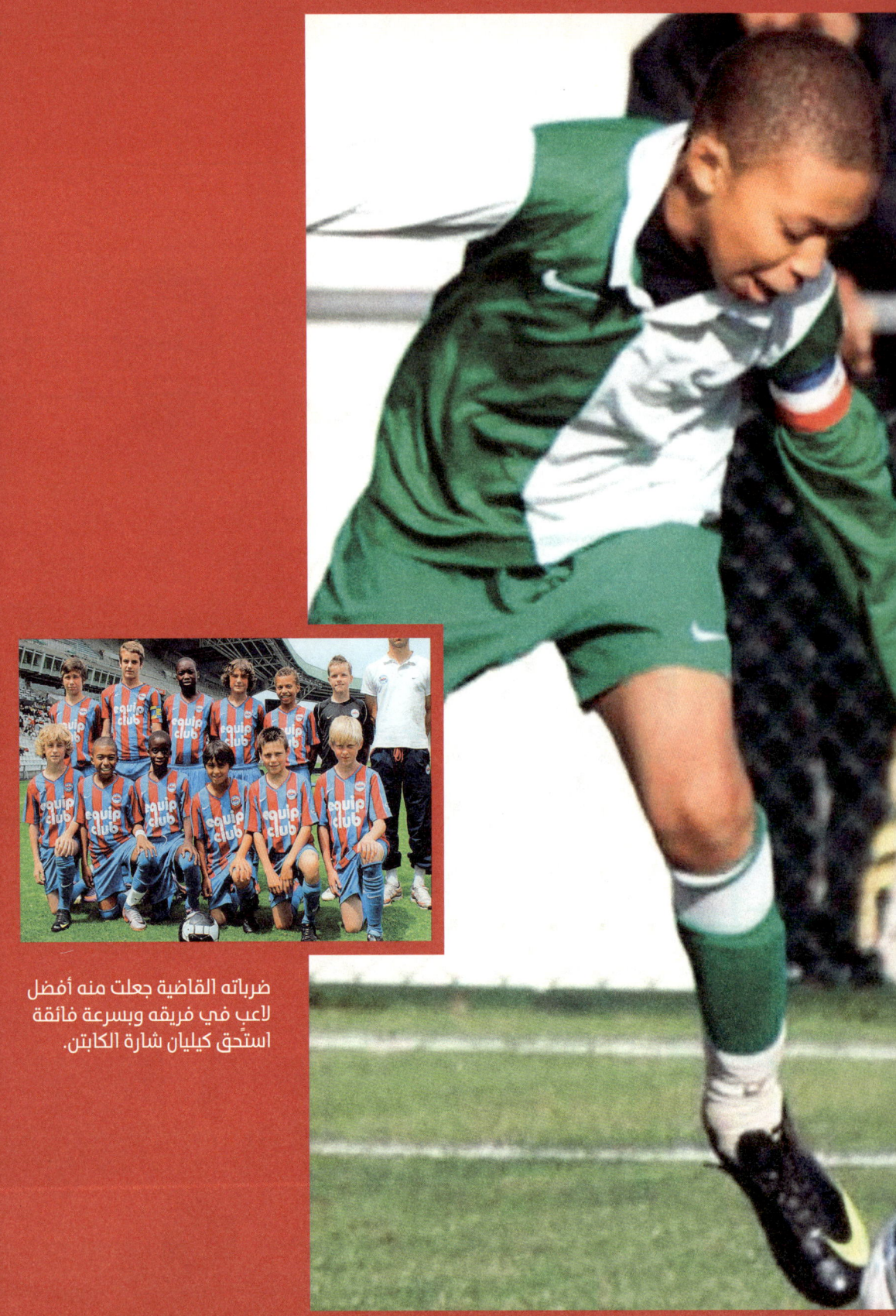

ضرباته القاضية جعلت منه أفضل لاعبٍ في فريقه وبسرعة فائقة استحق كيليان شارة الكابتن.

بمجرد أن أبصر النور، كانت الكرة أول هدية تلقاها كيليان.

مرتديًا سترة فريق «رين»، بدأ كيليان يكرر واحدة من حركاته المفضلة: تقبيل الكأس.

كهذه، لم يكن ممكنًا تخيُّل الصغير كيليان مبابي بلا كرةٍ يركلها بقدميه، أو يرميها بيديه.

مثله الأعلى: كريستيانو رونالدو CR7، روبنهو... ونايمار

كيليان الصغير كان يَسْبَح في بحر كرة القدم. هذه كناية لطيفة يُعبِّر عنها بيار مبابي بقوله: «في عائلتنا، الجميع يعشق كرة القدم. عندما تُنقل مباراة على شاشة التلفاز، في منزل جَدَّيه أو عند ذويه، تراه منجذبًا إليها رغمًا عنه». وسريعًا، بدأت عينا كيليان الصغير تلمعان شغفًا عند متابعته عمالقة كرة القدم مثل رونالدينيو وزيدان وكريستيانو رونالدو. هذا البرتغالي كان معشوق الصبيِّ الحقيقي. لكنَّ أداء مبابي في ملاعب كرة القدم لم تكن تُذكِّر أحدًا مِمَّن يشاهده بلاعبه المفضل. «كانوا يُطلقون عليه اسم تييري هنري، بحسب نوح زميله وجاره القديم. كان يمتلك كل المهارات الكروية الرائجة آنذاك».

ويُضيف عمُّه قائلًا: «أظنُّه كان يحبُّ اللاعبين الموهوبين أكثر من فكرة ميله إلى فريق معين». كيليان كان يحلم بالكرة ليل نهار. «هو لم يكن عاشقًا، بل مهووسًا بلعبة كرة القدم»، يروي ويلفريد -والد كيليان- لموقع «فرانس فوتبول» في شباط (فبراير) 2016. «على الرغم من أنني أعمل في الوسط الكروي وأحبُّه، كان يحدث لي أن أتعب أو أملَّ حين أراه يُكرِّس وقته كلَّه لكرة القدم. كان يتابع كل التفاصيل، راغبًا في أن يتعلَّم من لاعبيه المفضلين. كانت لديه القدرة أيضًا على متابعة أربع أو خمس مباريات متتالية».

لم نعرف من أحدٍ ما إذا كان فريق باريس سان جرمان قد لامس قلب مبابي أم لا. «هو لم يكن يُحبُّ بالضرورة فريقًا واحدًا دون غيره، يقول رفيقه القديم ريان. هذا إذا استثنينا فريق ريال مدريد. ولكنني متأكد من أنه كان عاشقًا للبرازيليين أمثال روبينهو و... نيمار».

سواء انتهى بهم المطاف متوارين عن الأنظار أو أعضاء في الفرق التي لعبوا فيها، كان الفتى الصغير يريد التشبُّه بهؤلاء اللاعبين الذين سحروه بفنِّهم. ولأنه مدرك تمامًا لما يتطلَّبه تحقيق هذا الحُلْم، دأب مبابي -كأي لاعب مثابر- على التمرن لساعات طويلة ومتواصلة دون كللٍ أو مللٍ.

كان دائمًا صاحب ابتسامة

وقَّعَ مبابي أول عقد له في عمر السادسة. وفي وقتٍ قياسي تمكَّن من أن يصنع اسمه. وفي هذا السياق يقول جونيور -صديق قديم آخر لكيليان-: «التحقت بنادي أ.س. بوندي في المرحلة الابتدائية ولم أكن أعرف الكثير من الأشخاص حينها. وحين كنت أجري الاختبارات في النادي، شدَّ انتباهي فتى صغير. وحين سألت من يكون، قيل لي إنه كيليان مبابي».

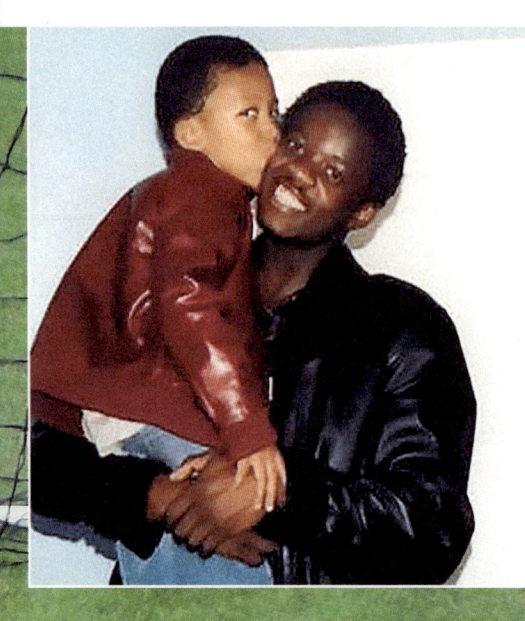

سجل كيليان مبابي بداياته مع فريق بوندي. في الصورة أعلاه يظهر كيليان محمولًا بين ذراعي جيراس كومبو والذي يعتبره "الأخ الأكبر".

«كيليان ليس مولعًا بكرة القدم فحسب، بل هو مجنون وهائم بها».

ويلفريد مبابي، والده

حين تُخرج الظاهرة «مخالبها»... في الصف

أين المدرسة من كل هذا؟ ما الأهمية التي تعطيها «أعجوبة كرة القدم» للحساب الذهني أو للجغرافيا؟

«كان يملك القدرات، ولكنه لم يكن ليستثمرها دائمًا»، يجيب بيار مبابي. «متى أراد شيئًا كان يستطيع الوصول إليه. كنا نحثُّه على الدرس حين تقتضي الحاجة. وكان -بفعل هذه المتابعة- ينطلق بعزم أكبر. كيليان لم يرسب قطُّ».

يبدو أنَّ تقصِّي عيوب كيليان ليست مهمةً سهلةً. ولكن، ألم يكن يرتكب الحماقات الصغيرة منها مثلًا؟ حتمًا نعم. زميله القديم في بوندي، اللاعب جونيور، يخبرنا ضاحكًا: «تشاجر يومًا مع أحد الأساتذة خلال الفرصة، فنهره الأستاذ وأمسك يده بقسوة. استفزه الموقف، فخدش الأستاذ بأظافره».

سريعًا، أضحت المدرسة مشكلة حقيقية في حياة ذاك الصبي. هو موهوب ومتَّقد الذهن، وإنما يكره الانضباط. كان يثير غضب أساتذته بسبب عدم تقيده وكثرة شروده وطبعه المستفز في كثير من الأحيان.

يروي آلان مبوما -صديق العائلة الحميم ومدرب حالي في بلان مينيل (ناسيونال 3)- أن «الدراسة كانت همًّا دائمًا للعائلة. لكن المشكلة الحقيقية لا تكمن في المدرسة؛ لأنه كان ذكيًّا وسريع الاستيعاب، الحقيقة أن طموحه كان في مكان آخر».

في مختلف المدارس التي ارتادها، كان مبابي لا ينفك يُطْرَدُ مرارًا. وكانت أمُّه، الحاضرة دومًا، تلتقي الأساتذة بشكل دوري. «كنا نلتقي بفايزة كل يوم. كانت تأتي للقائي تارة، وتارة أخرى لتناقش وضع ابنها مع المدرس مارك والاستفسار عن أدائه خلال النهار. لقد استمر هذا الوضع طويلًا، إلَّا أنَّ الأمر كان أكثر تعقيدًا مما يبدو، فكيليان كان شديد اللامبالاة وكثير الشرود». هذا ما قاله يانيك سان أوبر، المدير السابق لمدرسة بوندي الابتدائية (أولامب دو غوج).

وبهدف حمايته من رفاق السوء، سجَّله والداه في مدرسة كاثوليكية خاصة في منطقة بوندي، حيث ظهرت آثار الشغب مجددًا. إلا أنهما كانا له بالمرصاد.

«كان كيليان التلميذ الوحيد في الصف السابع الذي حمل بطاقة تقييم أداء، بناءً على طلب والدته. كان يتوجب عليه الحصول على إمضاء الأساتذة في كل الحصص التعلمية، وكان يتوجب على الأستاذ كتابة: جيد، غير جيد، ممتاز». تقول نيكول لوفيفر -مدرسة اللغة الفرنسية السابقة-: «كان والداه قلقَين عليه جدًّا».

في بعض الأيام، كان يصل صباحًا بينما تبدو نيَّة المشاغبة واضحةً على وجهه، وكنت أحذره قائلًا: «لن يكون يومك كما تريد». إلا أن شيئًا لم يكن يمنعه عن المشاغبة. ففي كل ليلة، كانت أمه تشكو إليَّ: «اليوم، لقد حصل على ثماني ملاحظات، أي ما يساوي عدد الحصص التعلمية».

«سوف ألتحق بالمركز الوطني لكرة القدم الفرنسية في رين، مثل أخي ثم أنتقل إلى ريال مدريد».

كيليان مبابي في عمر خمس سنوات

يُجسِّد هذا اللاعب ظاهرة حقيقية في عالم كرة القدم، لكنَّ بلوغه المجد لا يعني له أنَّه وصل واكتفى. بل على العكس تمامًا، هو يمتلك -بالإضافة إلى موهبته المميزة- نَهمًا لتعلُّم كل أسرار اللعب وأدقِّها لعلَّه يُشبِع شغفه الكبير.

يقول أتمان إروش، الرئيس لسابق لنادي أ.س بوندي: «عندما كنَّا نلعب على أرضنا، ويجتمع الفريق لسماع توجيهات والده -وهو مدربنا- قبل المباراة، كان الباب يُفتح فجأةً. ومن ثمَّ يدخل ذاك الطفل الصغير ليجلس معنا ويصغي إلى كلام والده المدرِّب. لا أعتقد أن طفلًا في العالم استمع لمحاضرات كروية أكثر منه».

من الواضح أن مبابي كان مستمِعًا جيدًا، ولكنه أيضًا كان واثقًا مما يريد ومصمِّمًا على تحقيقه. يصرِّح ويلفريد لفرانس فوتبول في العام 2013: «حين كان يبلغ من العمر أربع أو خمس سنوات كان يردد دائمًا بأنه يريد أن يلتحق بكليرفونتين Clairefontaine»، بينما كنت أجيبه ممازحًا: «سوف تغني لاحقًا A la Clairefontaine »، لكنه لم يكن يكتفي بجوابي فيضيف: «سوف ألتحق برين كأخي ومن ثَمَّ بريال مدريد».

ويختم حديثه قائلًا: «كنا نمزح كثيرًا». وإذا أردنا أن نختزل شعار عائلة مبابي بثلاث عبارات نقول: المزاح، عدم التعاطي بجدية زائدة، العمل.

أما عمُّه بيار فيتبسم قائلًا: «مبابي -كما ترونه اليوم- بشوش ومشاغب. ويعود ذلك لترعرعه في كنف عائلتنا التي تمتاز بالمزاح والمشاكسة والسخرية».

في عام 2012 خلال سفره إلى اليونان غفا كيليان الحالم بانتظار جموحه المقبل.

لكنَّ ثوابت عائلته ومتانتها واحتضانها له واهتمامها الفائق به، كلُّها أمور حالت دون وقوعه في زلَّات خطيرة. الوضع المادي الجيِّد لوالديه، وفَّر له فرصة تعلُّم التنس والسباحة، بالإضافة إلى تسجيله في المسرح، ومن ثمَّ الالتحاق بمدرسة الموسيقى لمدة سنتين، حيث تعلم العزف على آلة الفلوت. وأمام صورة «لاعب الحي» الذي أنقذته الرياضة من مصير أسود، كان مفروضًا على كيليان أن يتعلم.

وفي هذا السياق، يقول يانيك سان أوبر، المقرَّب من العائلة: «كان كيليان مدركًا أن فايزة وويلفريد لن يسمحا له بأن ينزلق إلى مستوى متدنٍ». ويقول آلان مبوما -زوج المعلمة التي كانت تعطي الصبي دروس التقوية خلال عطلة نهاية الأسبوع-: «ما زلت مقتنعًا أن التربية التي حصل عليها حَمَتْهُ من الاضطراب السلوكي، لا سيَّما أنه من النوع الذي ينفجر جنونًا إن لم يحصل على ما يريد. هو يقينًا من نوع الأولاد الذين يمكنهم تدمير كل ما حولهم».

بنطال «رِجل الفيل» الواسع في الصف!

في الصف السابع، كان لا بدَّ من تدخُّل نيكول لوفيفر -المعلمة المعجبة بشخصية تلميذها- من أجل عدم طرده من المدرسة. مضت خمس سنوات على الحادثة، وعلى الرغم من عدم اكتراثها بكرة القدم، كانت تتلهف لمجرد ذكر اسم الصبي اللاعب الذي لا يشبه أحدًا من أقرانه. «في أحد الأيام، قام أحد رفاقه بملاحقته والانتقام منه؛ لأنه كان قد سخر من سترته، فما كان من والدته إلَّا أن أرسلته إلى المدرسة مرتديًا بنطالًا (رِجل الفيل) الذي بطلت موضته قبل نحو عشرين عامًا، وحذاءً رياضيًّا بشريط لاصق. واستمرَّ هذا العقاب أسبوعًا كاملًا بُغيةَ تأديبه. وكان يسألني كلما التقى بي: «هل أنا جميل هكذا؟» فأردُّ عليه: «لا بأس بملابسك»، فيجيبني: «هذا بفضلكِ معلمتي».

كان يُدرك جيدًا أنني أحبُّه كثيرًا، وكان على ما أظن يبادلني الشعور ذاته. هذا الوُدُّ لم يخفَ على أحدٍ قطُّ حتى عندما كنت أعاقبه».

كيليان الصغير كان نشيطًا أَلْمَعِيًّا وماكرًا. تكمل مدام لوفيفر حديثها عنه قائلةً: «في كل مرة كنت ألمحه فيها كنت أتذكر هنري سلفادور، ببسمته التي لا تُفَارق وجهه وطلَّته الساخرة. ففي يوم أحد الامتحانات، وبينما كان الصمت يعمُّ الصفَّ، نظر كيليان إلى رفيقه الذي انشغل بتنظيف يديه بعدما رَشَحَ الحِبْر من قلمه قبل أن يتلطَّخ جبينه ببقعة زرقاء كبيرة. كان الصبي يُدعى مهدي تاش (أي بقعة باللغة الفرنسية). حينها، رمقني كيليان بنظرة ساخرة وضحك، ولما سألته عن السبب فرد عليَّ: «لأنَّ (مهدي) وضع اسمه على جبهته!».

إن محبة المعلمة لكيليان الصغير واضحة جدًّا على عكس ما كان يكنُّه له الآخرون في تلك الفترة.

«نتائجه المدرسية ظلَّت مُرْضِيَة، وإن كانت الملاحظات السلوكية لا تُعَدُّ ولا تُحْصَى. ولعلَّ أكثر ما كان يزيد الأمر سوءًا، بسمته الصغيرة الساخرة وتعليقاته اللاذعة على الأساتذة. كان يشعر كيليان بأنه ليس محبوبًا من أساتذته». تكمل أستاذته السابقة: «كان الأمر يقلقني لأنَّه كان لا يزال طفلًا صغيرًا لم يتجاوز الاثنتي عشرة سنة».

بدت المرحلة صعبةً جدًّا، لا سيَّما أن كيليان بدأ يتهيأ للالتحاق

بكليرفونتين بعد حصوله على الموافقة. ولذلك لم تنفك فايزة تشرح للأساتذة بأن ابنها يختلف عن أصدقائه، وأنه بحاجة إلى اهتمام خاص.

يخبرنا مدير المدرسة الابتدائية، يانيك سان أوبر بأنَّ مبابي تميَّز «بطبع الطفل الناضج الذي لم يجد في الواجبات المدرسية غير التكرار». وبطلبٍ منه، أجرى كيليان اختبار الذكاء في الصف الثالث. ظهرت النتائج الأولى باهرةً. ولكن سرعان ما رنَّ جرس الفرصة قبل أن يُنهيَ الاختبار فلم يحظَ بحق الانضمام إلى رفاقه في الملعب. أغضبه الأمر كثيرًا، فقطب جبينه عابسًا وأكمل ما تبقى من الاختبار على وجه السرعة. فَالطَّبْعُ يَغْلُبُ التَّطَبُّعَ!

تقول مدام لوفيفر: «كان لامعًا وحاذِقًا، لكنَّ الانضباط الذي تتطلَّبه المدرسة والمكوث في مكان واحد كانا يشعرانه بالملل سريعًا. وكلما تباطأ سير الدرس ظهرت مشاكله السلوكية. إلا أن المشكلة الحقيقية لم تكمن في الانسجام مع الصف وإنما في الإيقاع. فكلما كان إيقاع الصف بطيئًا، ازدادت لديه الرغبة بارتكاب الحماقات».

لم يلتحق كيليان بالمدرسة إلا إرضاءً لأبويه. فهو مهووس بكرة القدم، الأمر الذي تطلب لاحقًا -عند وصوله إلى الصف السابع- متابعةً عند الطبيب النفسي.

«نحن، كأهل -يقول مبوما- نسعى دائمًا لضمان مخرج آمن في حال أخفق الطفل يومًا في كرة القدم، لكنَّ الأمور لم تجرِ قطُّ على هذا النحو، فقد كان دومًا واثقًا من النجاح».

وللتوضيح فقط، في صيف العام 2016 اجتاز مبابي البكالوريا بنجاحٍ (فرع علوم وتكنولوجيا إدارة الأعمال والعلم الإداري). ومع ذلك، بدت أمه مستاءةً لكونها كانت ترغب في أن يحصل ابنها على إحدى شهادتي البكالوريا في الآداب أو العلوم الاقتصادية؛ لأنه كان يملك المؤهلات اللازمة لذلك.

إلا أن كيليان كان قد طلب من مستشارة التوجيه أن ترشده إلى الشهادة التي «لا تتطلَّب استعمال الكتب والدفاتر»، وقد حصل على ما أراده. يا له من عظيم!

التمرن مع الكبار منذ سن العاشرة

واستمرت السنوات الأولى من حياة كيليان على هذا النحو: شابٌ محبوبٌ من المحيطين به، معروفٌ بعفويته، ناشئٌ في بيئة مستقرةٍ. لَرُبَّما هي تفاصيل تافهة، إلا أن أثرها مهم جدًّا في مساره الكروي. يروي جاره نويه: «كنت غالبًا ما أزوره، فقد كانت عائلتانا مقربتَين، وكان والداه لطيفَين».

أما عن الشخصية المحورية في نجاح كيليان فتبقى حتمًا والده. فمنذ سن العاشرة، أتيحت لكيليان فرصة التمرن لأسبوع مع فريق الكبار الذي يُشرف عليه والده ويلفريد مبابي، أو «الرجل ذو القبعة» كما تحب أن تسميه مونيك، وهو الشخصية المحورية في حياة ابنه مبابي. إن انخراط الوالد الشديد في النادي وتدريبه لكثيرٍ من الفرق الناشئة على مدار سنوات، شكَّلا وعي كيليان وخلَّفا لديه الكثير من الذكريات المهمة.

يقول إيزيكييل -أحد اللاعبين الذين تتلمذوا في طفولتهم على والد كيليان- إنه كان مدرِّبًا صارمًا، لا يُمازح كثيرًا، لا يتكلم كثيرًا، وكان يبدو عليه شيءٌ من الحزم، إلا أنه في الحقيقة كان لطيفًا جدًّا.

قد تكون المرحلة المهمة الأولى في مسار كيليان مبابي الكروية عندما كان في حدود الحادية عشرة، عند مشاركته في مسابقة الانتساب إلى كليرفونتين INF Clairfontaine.

«كرة القدم عالم مغلق جدًّا. ولأنني قادم مثله من سان-سانت-دينيز، كنت أعلم أنَّ فتى أتٍ من هناك»، صرح مدربه في كليرفونتين، جان كلود لافارغ: لم يخفق كيليان، وإنما اجتاز الامتحان ببراعة. يقول عمه: «لم يكن مسموحًا أن يتعثر، فمن نقاط قوته أنه كان يعرف كيف يسيطر على اللحظات الحاسمة. وهذا ما كان يثير حفيظة الآخرين. لطالما أدرك كيليان أن كرة القدم -بعيدًا عن لعبة المال والاقتصاد- هي مجرد لعبة. ولقد تبنى هذا المبدأ منذ زمن».

اختار كيليان الـ(INF) بينما كان يمكنه الالتحاق بـ(كاين) ثم ذهب إلى لندن، حيث فتح له فريق تشلسي ذراعيه. وكانت هذه أول خيانة لإيل دو فرانس، غذَّتها رغبته باكتشاف الفريق اللندني لأيام.

لم يَكَدْ يبلغ الحادية عشرة حتى بدأ كيليان بجذب أنظار المسؤولين عن التوظيف. ودخلت فرق عدة في السباق: باريس سان جرمان، كاين، موناكو وحتى رين، أضف إليهم والده الذي كان على دراية تامَّة بما يحصل، لا سيَّما أنه كان مقتنعًا بنصيحة جيرار براشور، مدير الـ(INF) والعاشق المتيم بكرستيانو رونالدو.

«قبل التحاقه بكليرفونتين، النادي الأكثر إثارة، كانت له وقفة مع كايين»، يقول والده قبل أن يُكمل حديثه: «نحن لم نمضِ أي عقد لأننا كنا نفضِّل أن نبقى أحرارًا. إلا أننا أخبرناهم بأن كيليان سيدخل مركز التعليم النورماندي بعد مركز كليرفونتين. وقبل أن نغوص في عالم اللاعبين اليافعين، لبَّى اللاعب النهم -مع والديه- النداء اللندني بعدما وصلتهم دعوة من فريق

المركز الوطني لكرة القدم. كيليان مبابي، الجالس في الصف الأول، الرابع من جهة اليسار. تم التقاط الصورة في **أيلول 2011** في منطقة إيفلين في مركز كليرفونتين للتدريب.

تشلسي لتمضية بضعة أيام لديهم».

وعن هذه المرحلة، يروي لاعب الظهير الأيمن النشيط والماهر: «تدربتُ مع مواليد الـ97 والـ98. لعبتُ أيضًا مباراة ودية مع تشارلتون. وأذكر أنهم كانوا قد هيأوا لي كل أمتعة التدريب لحظةَ وصلت. أما عن الجو العام، فلم يكن يشبه فرنسا. العقلية مختلفة والناس كانوا يتعاملون معي باهتمام بالغ».

كاين يفقد السيطرة

عاد كيليان من تلك الرحلة بقميص المنتخب الأزرق، وقد علَّقه فوق الدرج العالي في منزله. هذا كان رصيده المتبقي من الرحلة الإنكليزية التي غذَّاها عطش الفضول وجوع الاكتشاف.

سابقًا الوصي القانوني للاعب رينيه جيراس كامبو.

يشرح ويلفريد مبابي الأمر قائلًا: «بعض النوادي عرضت علينا عقود احتكار إلا أننا كنا نرفضها بحجة صغر سنه. في ملاعب بوندي (سانت سان دينيز) حيث أعمل، كان كيليان يتقدم بسرعة كطفل غضٍّ نخبوي. ولقد تم تصعيده سنتين دفعةً واحدةً بل ثلاث سنوات فعليًّا؛ لأنه من مواليد العشرين من كانون الأول (ديسمبر). رغبنا استبقاءه لفترة أطول في نوادي بوندي لكنَّ التحاق زملائه الصغار بمراكز التدريب للنوادي المحترفة كان غالبًا ما يغريه ويثير عنده حُبَّ اللحاق بهم».

في البداية، لم يكن كيليان راغبًا في الالتحاق بكليرفونتين، إلا أنه سار فجأة عكس التوقعات ليلتحق بمجموعة رامبوييه

«لم يكن هناك ما هو أبعد من ذلك في رحلتنا إلى تشيلسي، يشرح ويلفريد مبابي. تشيلسي فريق عظيم وكنا نرغب في أن نعرف كيف تجري الأمور هناك، أي أنَّ الرحلة لم تتجاوز بُعْدها الاستكشافي. كيليان كان صغيرًا لم يتجاوز الاثني عشر عامًا». في تلك السنِّ، كان من المبكر حتمًا التفكير في ترك فرنسا والاحتراف خارجها.

مِن ثَمَّ -في العام نفسه- أي 2011، شاهدنا كيف أمسك فريق كاين الخيط من طرفه وأحكم السيطرة عليه في الوقت الذي كانت فرق عدة تسعى إليه. وفي ربيع العام التالي 2012 ترك فرانك دوما ملاعب ماليرب، مما سبَّب ضررًا كبيرًا، وهو تقويض الاتفاق المبرم مع أهل كيليان.

يقول والد اللاعب: «فجأةً، وبالتوافق مع فريق كاين، تم التراجع عن الاتفاق المبرم. في تلك الفترة، قابلتنا فرق عدة وكنا نقول إنَّنا لم نمضِ أي عقد لأن العرض قد تغير. بين العامين 2011 و2012، كنا قد أعدنا فتح الأبواب بوجه كليرفوتي INF، غير أننا بقينا على تواصل مع ستاد ماليرب الذي أصبح في الفئة الثانية والذي لم يكن عائقًا لنا. كلنا يعلم

أن الالتزام مع فرق كهذه قد يكون خطوة إلى الأمام، فلا أحد يستطيع التنبؤ بمستقبلها بعد بضعة أعوام. من الأمور التي كانت تعجبنا في كاين هو الجانب العاطفي الحاضر دائمًا. فما أردناه هو أن يكون لنا داخل الفريق مرجعٌ، أو بمعنى آخر أن نجد تواصلًا متاحًا مع شخص نافذ نوعًا ما، من دون أن نجد صعوبة في التعاطي معه. لأنَّ علاقة كهذه يمكن أن تُسهِّل حل أي مشكلة يمكن أن نواجهها. كما كنا نحب سماع بعض عبارات التنويه على غرار «ابنكم جيد، أو أحب هذا الطفل ويسعدني التواصل مع أهله»... مثل هذه المعاملة تشكل حتمًا حافزًا ودافعًا قويين».

«مبابي» المتجهِّم

في كليرفونتين، تستمر الدروس في كلية كاثرين دو فيفون في رامبوييه حتى الساعة الثالثة، تليها تدريبات يومية قبل العودة في نهاية الأسبوع للعب مع أ. س. بوندي.

حين يجد المرء نفسه منعزلًا عن محيط العائلة قد يُدرك صعوبة الامتحان الذي يمرُّ به، لكنَّ تميُّز مبابي وإصراره

في العام 2012، قبيل ساعات من العطلة الكبيرة، يقوم كيليان مبابي ببعض المشاغبات مع رفيق الصف سيرجيو كونسالفس.

وإدراكه الشديد لأهدافه جعل الأمور تغدو أسهل. لقد كان راضيًا تمامًا عن خياره الالتحاق بكليرفونتين».

في مثل هذا المكان اكتشف جان كلود لافارغ صبيًّا متوازنًا، بارع الأداء ومطابقًا لكل المعايير، وسرعان ما أصبح من معجبي الغلام: «لقد بدت رغبته وحماسته جليّة على كل الصُّعُد: المدرسية، الرياضية الجماعية والاجتماعية». «كان يملك ليونةً عاليةً، ففي كل مباراة، كنا نعلم أنه سيبهرنا حتى لو لم يلمس الكرة إلا ثلاث مرات». خارج هذا العالم أصبح الغلام الصغير مراهقًا شابًّا وعلى الرغم من عدم أهمية الموضوع لم يكن هذا التغير سهلًا عليه بسبب بُعده عن ذويه.

في مركز التدريب (INF)، تحوَّل اسم مبابي (Mbappe) إلى «م بيبي» (M bebe). وعن هذا لأمر يقول لافارغ: «كنا نطلق عليه هذا اللقب بسبب «تكشيرته» تمامًا كالطفل الصغير عندما لا يكون راضيًا. لكنه في كل الأحوال كان عاقلًا ومحبوبًا. ثم إن الأمر لم يدم طويلًا؛ لأنه سرعان ما نضج مع سنته التدريبية الثانية». لم يكن مبابي العاشق الوحيد للكرة: «فعلى الرغم من الحظر، كنا نتسلل ليلًا للعب في مرمى كرة القدم عندما نشعر أن التدريب لم يكن كافيًا. طبعًا لم يكن المكان مُضَاءً، لذلك كنا نشغل الإنارة في هواتفنا وننقسم إلى فريقين من خمسة لاعبين ونلعب حتى ساعة متأخرة، وعندما ننتهي نعود إلى غرفنا متسللين عبر النوافذ».

مبابي في زيزولاند[1]

ليس مستغربًا طبعًا إن قلنا إنه في تلك الفترة الزمنية، وخلال عطل نهاية الأسبوع، كانت نقاشات وكلاء التوظيف في أيل دو فرانس تزخر دائمًا باسم مبابي. يقول أحد الكشفيين الذين رافقوه: «بالحديث عن كيليان، فقد كان من الطبيعي أن يخطف الأنظار لكونه كان متقدمًا على زملائه، على رغم وجود عشرات الشباب في المنطقة الباريسية ممَّن يتمتعون بكفاءاته نفسها. لقد كان معروفًا في وسط كرة القدم على الرغم من أن نجاح لاعبي الفئات الصغيرة كان مجهولًا». إن إخلال توازن مبابي الشاب كان أمرًا مستحيلًا، كيف لا وهو الدقيق كعقارب الساعة!

يتعجب رفيقه القديم جونيور فيقول: «كان يحب المزاح في أكثر الأوقات حرجًا أي قبل المباراة مباشرة، وكان على سَجيَّته، يطلق الدعابات وكله ثقة بما سينجزه». ثم يضيف ريان ممازحًا: «لقد كان المهرج الصغير للفريق». ولمثل مبابي تشرئب أعناق عدد كبير من الفرق!

في نهاية 2012، ومع اقتراب عيد ميلاده الرابع عشر، استقبله فريق ريال مدريد وزيدان لبضعة أيام، مما خطف أنفاسه. يروي كيليان: «في اليوم الأول حصلنا على حجوزات لحضور مباراة للفريق الإسباني. في صباح اليوم التالي وصلنا إلى مركز التدريبات، حيث زارنا السيد زين الدين زيدان، ثم شاركت في أول تدريب لي، وكان مقتصرًا على حركات الأداء قبل أن أُشْرك أيضًا في إحدى المباريات. وعندما حلَّ اليوم الرابع، تسللت إلى أحد الأمكنة، شاهدت اللاعبين وأخذت صورًا معهم كلهم. أذكر عندما كنت في الرابعة من العمر، أن حُلْمي كان لقاء أبطال ريال مدريد الخارقين أو «المجرِّيين»[1] كما يُعرَفون. أما اليوم وبعد تحقق هذا الحلم أصبحت العودة إلى الفريق من أوسع الأبواب حلمًا آخر لي».

1 «Galactiques» لقب مستوحى من كلمة «المجرّة» أطلق على لاعبي ريال مدريد للدلالة على مهاراتهم العالية.

في كليرفونتين،
كيليان يقف مع بعض اللاعبين أمام مُجَسّم كأس العالم الذي ربحه منتخب فرنسا في العام 1998.
في هذا المكان أجرى كيليان أولى اختبارات اللياقة البدنية، ولعب الكثير من المباريات بعدها.

«حين كان يبلغ من العمر أربع سنوات أو خمسًا كان يردد: «أريد أن ألتحق بكليرفونتين Clairefontaine»، وكنت أجيبه ممازحًا: «سوف تغني لاحقًا A la clairefontaine».

ويلفريد مبابي، والده

كيليان مبابي
حالمًا بلقاء معشوقيه من أبطال كرة القدم.

كيليان غضًّا يافعًا، بعد نيله لقب بطل فرنسا، أصر فتى بوندي الذي أصبح نجمًا معروفًا على حمل مجسم الكرة السداسية في مدينته كعربون وفاء للمكان الذي خرج منه.

«ما زلتُ مقتنعًا أن التربية التي حصل عليها حَمَتْهُ من الاضطراب السلوكي».

آلان مبوما، مدرب وصديق العائلة

وفجأةً، فُتح الباب على مصراعيه، إلا أن كيليان لم يرغب بالعبور.

قال: «خفتت النشوة لحظة سماع خبر القبول. جُلُ ما كنت أريده هو أن أثبت أنني لاعبٌ جيدٌ وأن أشعر بأنني كنت مرغوبًا. يضاف إلى هذا سبب آخر: الخوف من التغيير، تغيير البلد، اللغة والمدرسة. لم يكن الأمر متعلقًا بكرة القدم فقط، ولو كان الأمر كذلك لذهبت دون تردد، غير أنه كان مرتبطًا أيضًا بالثقافة. قد أودُّ الالتحاق بريال مدريد وإنما في وقت لاحق».

على الرغم من أنَّ الالتحاق بنادي ريال مدريد كان بمثابة حلم تعشعش فيه منذ الصغر، ظلَّ كيليان منطقيًّا وقادرًا على دراسة الأمور بوضوح والتصرف بعقلانية. وبناء عليه كان أول المتصيِّدين له فريق «باريس سان جرمان»، شأنه شأن الكثيرين. وكما ألمح أحد المعنيين بهذا الملف: «لم يقتنع بمشروع الفريق، ولذلك ذهب إلى موناكو، فاللعب في مدينته لم يكن من أولوياته».

في هذا السياق، يحكي ويلفريد مبابي عن تجربة ابنه قائلًا: «لقد التقيت بالسيد زيدان مراتٍ عدة. ولأنه كان ممثلًا للفريق الأول آنذاك، لم أجرؤ على إزعاجه من أجل طفل في الرابعة عشرة من العمر. في الحقيقة كان مرجعنا الوحيد، ولو ظل يدرب الصغار لبقينا إلا أن القرار كان قد اتخذ بوجود زيدان أو بدونه. خلال لقائي معه تحدثنا عن كل شيء وصولًا إلى المدرسة، ولم يقتصر الحديث على كرة القدم؛ لأن الموضوع كان يتعلق باستقدام «طفل». في الواقع، الفريق الذي ظل متمسكًا بالخيط حتى الرمق الأخير كان «كاين». ومشروعه المدرسي والرياضي المشابه لمشروع فرانك دوما كان قد جذب انتباهنا. وللأسف، عدم تأهل الفريق للمستوى الأول خيَّب ظنوننا، ولم يعد بإمكانهم تأمين مدرسة

مع **كريستيانو رونالدو** خلال زيارته لمواقع ريال مدريد.

خاصة لكيليان والذي كان شرطًا أساسيًّا لنا».

المستفيدون كانوا كثيرين، وأولهم فريق أ.س. موناكو الذي جذب هذا العاشق المُولَع بكرة القدم المتميز بخفة حركاته. يُفَصِّل الوالد الذي أخذ إجازة سنوية لمتابعة ابنه في إمارة موناكو قائلًا: «بيت القصيد يكمن هنا، وكنت قد قلتُ للأندية: أنتم اليوم معجبون باللاعب وبالذي هو عليه اليوم فلا تسعوا لتغييره». فقد امتاز بمهارات غير عادية.

بناءً عليه، قدَّم فريق موناكو الوعد بعدم السعي إلى تنميطه. أمَّا هدف ذويه فكان الشعور بأن الفريق يقدِّره كلاعب مميز، وذلك لأن احتمال الإخفاق كان واردًا وعلى الجميع تقبُّله. من جهته، وجب على كيليان أن يتأقلم مع الفريق دون أن يغير شيئًا في شخصيته وطريقة لعبه. فما يعتاده اليوم سيعيد تكراره غدًا».

هل سيحقق كيليان يومًا ما أحلامه البيضاء الناصعة كبياض قميص ريال مدريد، الفريق الذي يشبه نجمة ساطعة في مجرة كرة القدم؟ الجواب يكمن في كلمات أوسكار وايلد الشاعرية: «من الأفضل لك أن تتطلع إلى القمر فإن أخفقت ستصل حتمًا إلى الغيوم».

باريس سان جرمان: دائمًا على تواصلٍ

عرف فريق «باريس سان جرمان» أنه قد يحظى لاحقًا بالشاب كيليان مبابي، ولذلك احتفظ بالملف بين يديه. لقد سعى القيمون إلى توطيد الروابط مع العائلة خلال كل تلك الفترة ونجحوا أخيرًا في إعادة بناء الثقة التي أفضت إلى إقناع كيليان. ولكي يكتمل المشروع ويتمَّ جذب الجوهرة الكروية الثمينة، كان على باريس سان جرمان دفع «شِيك» ضخم.

وبهذا، أصبح كيليان ثاني أغلى لاعب في تاريخ كرة القدم. تكلَّلت أخيرًا قصة النجاح الباهر بعرض هائل تردَّد صداه في أزقة مدينة بوندي إلى حدٍّ أنَّه أجَّج فضول بعض المبتدئين. تقول مونيك: «في أحد الأيام ناداني ابني قائلًا: انظري إلى التلفاز! إنهم يتكلمون عن جارنا القديم، الصغير كيليان. في الواقع، كنت قد انجذبت للتلفاز قبل أن يناديني ابني».

2012-2013: سيمضي كيليان مبابي وقتًا قصيرًا بعيدًا عن ذويه ليعود بعد أربع سنوات إلى أحضان الأراضي الباريسية حيث وُلِدَ.

سيكبر وسيُغْلِق فصلًا كاملًا ليبدأ آخر. عنوانه: عودة الفتى الأعجوبة. ●

LFP
bwin
CRISTIANO RONALDO
bwin
FOOT

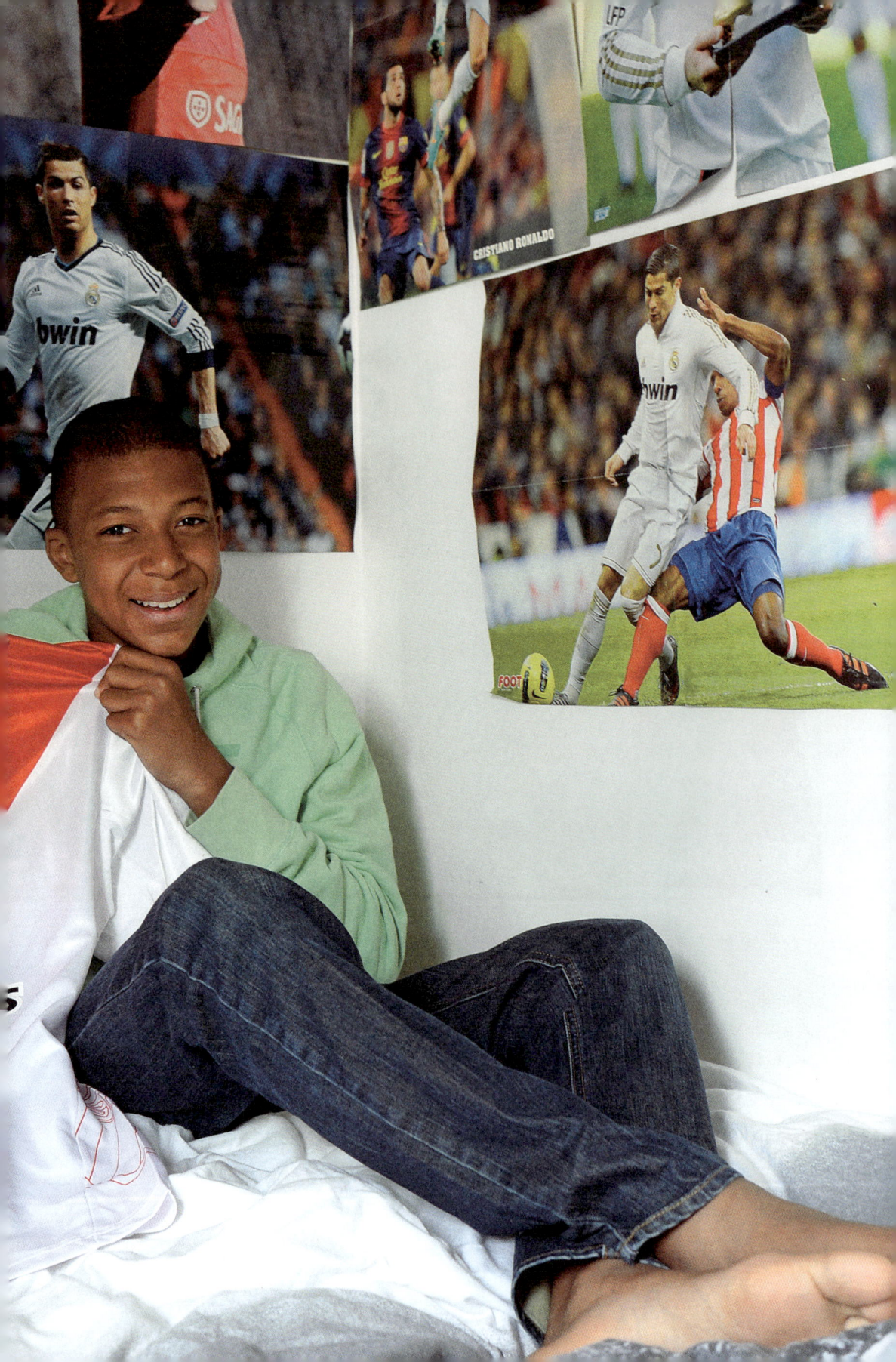

3 - التدريب
2016-2013

التحاقه بموناكو[1]

صور كريستيانو رونالدو توزعت على جدران غرفته. «بوسترات» كثيرة للبرتغالي الرائع زَيَّنَتْ المكان، فأصبحت الغرفة أقرب إلى ساحة غزاها لاعبون كبار. على مقربة من سرير كيليان -حيث اعتاد أن يتمدد في أوقات الاستراحة- برزت أيضًا طفولة اللاعبين إدن هازارد ونيمار اللذين اعتادا على مفاجأة خصومهم بخفة ملحوظة.

«لو لم أصبح لاعب كرة قدم لأصبحت عارض أزياء»، يقولها المهاجم الفريد من نوعه بحيلة ونضارة ابن الرابعة عشرة عارضًا لنا صوره في قميص موناكو.

منذ أول آب، احتضن مركز التدريب الرياضي في موناكو (أ.س.موناكو) الشاب الموهوب ذا الشغف المتقد لكرة القدم والمعروف بخفة قدميه. شكَّل اختيار الشاب ووالديه للفريق ذي السترة الحمراء والبيضاء قرارًا عظيمًا، بعدما كانت فِرَق مهمَّة كثيرة ترغب في احتضانه.

الصعوبات تكمن في البدايات

في موناكو، كان صيف 2013 لاهبًا. وبمجرَّد أن صعد فريق موناكو إلى الدوري الأول حتى أنفق ما يقارب المئة وسبعين مليون يورو على سوق تبادل اللاعبين. لقد تم استقدام عدة لاعبين ليعززوا فعالية الفريق مثل راواميل، فالكو، جايمس رودريغز، ريكاردو كارفالو، جاد موتانو، جيريميه تولالان وإيريك أبيدال.

---

1 فريق موناكو تأسس في العام 1924 ومركزه مدينة موناكو الفرنسية.

وسط هذا الجو المحترف، أرسى كيليان سفينته على شواطئ «كوت دازور» Côte d'Azur حاملًا معه موهبته النادرة. في السنة الأولى من التحاقه، عاش كيليان في شقة مع والده ويلفريد الذي كان قد أخذ إجازة سنوية لدعم ابنه الذي يحتاجه بجانبه.

عندما بلغ الرابعة عشرة وستَّة أشهر، صُنِّف المهاجم اليافع في فئة الناشئين U17، وفاءً من فريق موناكو بالوعد الذي كان قد قطعه له قبل إمضاء العقد. ولكن مع الأسف، سرعان ما تأخذ علاقته مع مدربه بونو إيرلس طابعًا كارثيًا. وعلى عكس توقعاته، لم يتح للمهاجم الشاب اللعب مع فرق الدرجة الأولى بل وجد نفسه غالبًا في فئة الهواة. لقد أخذ المدرب على اللاعب أسلوبَه الذي يفتقد في شكلٍ خاصٍّ حسَّ المشاركة في الخطة الدفاعية للفريق.

يعلن إيرلس اليوم: «كان هدفي من ذلك هو توضيح ما كان ينقصه. كنت أريد أن أُعَرِّفَه على نقاط قوته وأيضًا نقاط ضعفه من أجل أن يكون بمستوى أعلى. ولكن، لم أشعر أنه كان متلقيًا جيدًا لهذه الملاحظات التي كان يمكن أن تكون بنَّاءَة ومؤثرة في مساره الكروي».

أما من جهة اللاعب، فقد اعتبر أنَّ الملاحظات المذكورة يشوبها بعض الإهانات من قبيل: «أنت لست هنا في ريال مدريد»، مما كان يزيد من إصراره على سلوكياته.

حضر والده ويلفريد وأخوه الحصصَ التدريبية، إلا أن أيًّا منهما لم يفهم مغزى التعامل الجارح مع المراهق. أسلوب المدرب إيرلس بدا لهما غير صائب، كأنه يبحث عن فرض سطوته بطريقة غير لائقة أو كأنه يضمر شيئًا للصبي. انتهى الأمر ببعض المشاحنات الحامية بين المدرب والعائلة خلصت إلى قطيعة محتومة.

بدت العلاقة بين برونو إيرلس وبيار مبابي وكأنها قاب قوسين من الانفجار. «إن لم تجرِ الأمور كما يجب لأن المدرب لا يتيح لك فرصة اللعب فذلك ليس من شأن الأب أو الأم أو أي أحد آخر... ولكن عندما لا تسير الأمور كما يجب بسبب الغموض ورفض تقديم التفسيرات، فهنا تصبح العائلة كلها معنية بالأمر. كان المدرب يعتبر أن على كيليان اللعب في فئة الهواة وهنا يكمن خطؤه. أنا لا أنتقده، إنما ما أنتقده في هذه اللحظة هو تعامل السيد إيرلس والنادي مع كيليان».

مع مرور الأشهر، ساء الوضع كثيرًا. لكنَّ إيرلس دافع قائلًا: «إننا نُثني عليه قائلين: (أحسنت، أحسنت)، ولكن في اللحظة الحاسمة يجب وضع النقاط فوق الحروف وتصويب الأخطاء، بالإضافة إلى ضرورة لفت نظره لوجود طرق مغايرة كي

> «أنت لست في ريال مدريد هنا».
>
> برونو إيرل، مدربه في الفئة U17.

LE JOUR OÙ CR7 A FAILLI SIGNER À LA JUVE
france football
LEROY SANÉ
LYON
Prodiges
LES 12 (PETITS ET GROS) PARIS DE DEMAIN

يتحسن. في الحقيقة، لقد كانت العلاقات متوترة أكثر من اللازم بالنظر إلى ما كان يحدث».

اليوم، يعلن برونو إيرلس أنه لطالما آمن بإمكانات الشاب، ولكنه يلحظ أحيانًا بعض الأخطاء في لعبه ويتحمل مسؤولية ما يقول مقتنعًا بأن الوقت كفيل بإصلاح ذات البين. ويتابع قائلًا: «لن يحقد عليَّ طيلة حياته، سيدرك يومًا ما أنَّ ما قمتُ به لم يكن إلا لتحسين طريقة لعبه وتطوير مهنته. لا داعي للقلق ما دام ليس هناك وجود لأي شخصانية».

إلا أن القضية تركت آثارًا عميقةً يصعب محوها. فخلال ذاك الموسم الوعر، أرسل المديرون في موناكو بطلب إيرلس وتم الاجتماع بحضور الأهل ضمن جوٍّ متوترٍ. بحسب معلوماتنا، فإن إدارة الفريق قررت في ذاك اليوم منع إيرلس من إرسال المهاجم الشاب إلى درجة الهواة، وبكل لياقة، أخبروه أنه لن يكون مدربه في الدرجة الأولى. وتم غلق الملف. وبموافقة الفريق، سيختار المهاجم الشاب التدرب وحيدًا بضعة أسابيع في نهاية الموسم. أما برونو إيرلس، فيغادر الفريق في الصيف المقبل ليتسلم مهمةً صغيرةً في أحد النوادي الصديقة «آرل أفينيون».

في حياة صغار عباقرة كرة القدم، ثمة نزاعات وخصومات من كل نوع. كيليان مبابي سيتعلم العبرة مما جرى معه وسيتحمل جزءًا من المسؤولية في الصراعات التي خاضها. هذا الغلام المُولَع بكرة القدم يبدو أقوى من كل شيء: في الملعب وخارجه فهو يتدرب منذ نعومة أظفاره على السباحة في عالم كرة القدم القاسي.

يروي آلان مبوما قائلًا: «يحتفظ ويلفريد بمقاطع مصورة له في سن الأربع سنوات يتخيل فيها حياته. أربع سنوات فقط! كان حينها يصف مساره الكروي اليوم».

كما ويؤكد كيليان الأمر: «كنت حالمًا كبيرًا عندما كنت صغيرًا. كان والدايَّ يهزآن بي قليلًا. واليوم أظنهما في وضعٍ محرجٍ أمامي».

كان عليه أن يناضل كثيرًا بغية الوصول إلى هدفه، متسلِّحًا بقِلَّة صبره التي تبدو فضيلةً في مثل هذه الحالة. في العام 2015-2016، وخلال موسمه الثالث مع موناكو، دخل كيليان سنته الأخيرة آملًا بالانتقال إلى فريق المحترفين، من دون أن

«كنت حالمًا كبيرًا. وكان والدايَّ يهزآن بي قليلًا».

يعرف لماذا لم يَطرح ليوناردو جارديم اسمه. ومع أنَّه يملك المستوى المطلوب، ظل جارديم جاهلًا لهذه الموهبة حتى مَحين الأسبوع العالمي لكرة القدم في شهر نوفمبر 2015.

يروي لويس كامبوس، مدير فريق ليل والمدير السابق لموناكو: «أذكر جيدًا أول تدرب لكيليان مع جارديم. ففي نهاية الجلسة ناداني ليوناردو وقال لي: يجب ألا نضع هذا الفتى في فرق الهواة، سيلعب معنا وسيحصل على فرصته وأنا واثق من أنه سيحقق الهدف. لعل القرار جاء متأخرًا إلا أنها الحقيقة».

إن هذه المرحلة مِفصلية للاعب وللنادي على حد سواء، فالنادي يخشى أن يخسر الجوهرة الثمينة التي بين يديه؛ لأنها ستصبح حرة في نهاية الموسم.

في الكواليس، الكل مضطرب، وأعناق الفرق الأخرى تشرئب طالبة كيليان: باريس سان جرمان كعادته، ليفربول وأرسنال. بحسب معلوماتنا، حاول أرسان فنغر شخصيًّا إقناعه بالالتحاق بالنادي اللندني. العروض الكثيرة أربكت كيليان، ولما كان على وشك تلبية نداء باريس سان جرمان، اقتنع فجأةً عندما كان في باريس أن عرض لوران بلان- مدرب الفريق آنذاك- ليس بالفرصة الدسمة له.

يقول أوليفييه ليتانغ المدير الرياضي ونائب النادي في العاصمة: «لم نكن بعيدين عن الظفر به، فقد بقيت المنافسة بين فريقين: باريس سان جرمان وموناكو. ما حسم الموقف هو عامل الوقت، فكيليان كان يريد الالتحاق بالنادي الذي يوفر له الوقت الأكثر للعب، وظن أن موناكو سيؤمن له ذلك».

في الختام، رجحت الكِفَّة لمصلحة الموناكي لويس كامبوس الموكل بحل الأزمة. «أذكر جيدًا اليوم الذي أعطاني فيه فاديم (نائب رئيس فريق أ.س. موناكو) الضوء الأخضر لتسلم الملف. بدا الأمر كإشارة سماوية. بعدها، خرجت من غرفة تبديل الملابس لألتقي بوالدة كيليان، ثم صعدت المنصة وأمضيت أربعين دقيقة معها. شرحت لها من خلال خبرتي مع الفرق الكبيرة حجم المنافع التي سيحصدها كيليان من خلال بقائه في موناكو، وقلت لها إن الأهم من كل هذا أن يجتهد إلى حين يأتي اليوم الذي سيدخل فيه غرفة تبديل الملابس في إحدى الفرق الكبيرة- ليلقى الاحتفاء الكبير، حيث سيجتمع كثيرون لإلقاء التحية عليه قائلين: «مرحبًا كيليان، أهلًا بك، نحبك كثيرًا». ولو ترك موناكو في ذلك الوقت لكان وصل

في بدلة موناكو، الفريق الجديد (على اليمين).
بعد انتصارهم على جامبارديلا في مايو 2017.

إلى غرفة تبديل الملابس لا أهلًا ولا مرحبًا به حاملًا كبرياءه كغريبٍ ولنظر إليه الجميع شذرًا قائلين: «من هذا الغلام؟!».
في السادس من شهر آذار (مارس) من العام 2016، اتخذ القرار رسميًا: كيليان مبابي يوقع أول عقد عملي له ويلتحق بالفريق حتى العام 2019 مع مبلغٍ ماليٍّ مقداره ثلاثة ملايين يورو تقريبًا وراتبٍ قابلٍ للزيادة، يبدأ في السنة الأولى بخمسٍ وثمانين ألف يورو، ويصل إلى مئة ألف يورو في الثانية، وفي الثالثة إلى مئة وعشرين ألفًا. هي مبالغ طائلة للاعب في مثل سنه.

U17، لاعبٌ قصير الأجل

من موقعه كمسؤول عن اختيار لاعبي منتخب فرنسا لفئة الناشئة، اعتبر جان كلود جوانتيني أنَّ كيليان مبابي مجرَّد لاعب قصير الأجل، ولم يكن متعاونًا البتَّة. وفي عام 2015، لم يتكلف حتى عناء استدعاء المهاجم مبابي لمناقشة بطولة أوروبا في بلغاريا والتي ربحها الفرنسيون الصغار، وفضَّل عليه أودسون إدوارد الذي أصبح في ما بعد أفضل هداف في المسابقة.

وفي الموسم التالي، في فئة الشباب U18 ، تمسَّك جوانتيني بقراره الأول وأقصى اللاعب الموناكي مرَّة أخرى، لكونه لم يكن مؤمنًا به، وكان يأخذ عليه افتقاره للقدرات الدفاعية،

«كان يملك القدرة على التعبير والتحليل، مما لم ألحظه إلا نادرًا في من هم بمثل سنه».

لودوفيك باتيلي، منتقي اللاعبين في الفئة U19.

فضلًا عن سلوكياته. نتيجة ذلك، قرر لودفيك باتالي-الرجل المسؤول عن اختيار اللاعبين عن فئة الشباب -U19 تصعيد كيليان.

وقد برَّر باتالي خياره بالقول: «في الماضي، كنت الابن اليتيم لعثمان ديمبيلي الذي تم تصعيده سريعًا كي يلعب مع فريق

خلال نهائي كأس اوروبا عن عمر الـ 19 عاما. فرنسا هزمت ايطاليا 4-0 .

أول لقب بالقميص الأزرق
لكيليان مبابي.

إيسبوار Espoirs. كنت أفكر بكيليان، سألت عنه وأخبروني بعض التفاصيل الصغيرة عن طبعه وسلوكه وأدركت حينها وجود حلقة مفقودة. أخبروني أيضًا أنه يلعب بشكل فردي في الملعب، وأنه ينسب الكثير من الأمور لنفسه، بالإضافة إلى مزاجيَّته التي تظهر بين الحين والآخر. تجاهلت كل ما قِيل لي وركزت على هدف واحد: ماذا يمكن أن أكتشف فيه عندما يلتحق بنا؟ ولقد رأيت حقًّا النابغة المستقبلي الذي سيطبِّق كل أنظمتنا وقوانيننا، بغض النظر عن الجانب التواصلي في شخصيته. إن فارق العمر بينه وبين أقرانه واضحٌ، إذ كان يصغرهم بسنتين على الأقل؛ لأنه كان قد ولد في 20 ديسمبر، ولذلك لا يمكننا أن نتجاهل أهمية الفروقات بالطول، بالوزن، البلوغ والتفكير... لقد كان مذهلًا، فقد كان يملك القدرة على التعبير عن ذاته والتحليل على عكس ما لاحظته عند الكثير من الصبيان الآخرين في مثل سنه».

في هذا السياق، يروي لاعب الوسط في فريق أولمبيك ليونيه لوكاس توسار: «كنا مهزومين فَتَبَنَّاهُ شركاؤه المستقبليون سريعًا. بمجرد أن التحق بالمجموعة ناقشنا فرصة دوري إيليت الذي سيؤهلنا إلى بطولة أوروبا. ذهبنا إلى صربيا، لعبنا ثلاث مباريات ووجب علينا الفوز بها، وكان هو اللاعب الذي سجل هدف الربح في آخر مباراة، والذي مكننا من التأهل إلى البطولة.»

أسابيع قليلة مرَّت في صيف العام 2016، قبل أن يصبح كيليان مبابي بطل أوروبا لفرق الشباب U19 . سجَّل مبابي خمسة أهداف في خمس مباريات خلال المنافسة، ومن ضمنها هدف مزدوج في النصف نهائيات.

يتذكَّر باتيلي مذهولًا مما رآه قبل عامٍ مضى: «في النهائي (بمواجهة إيطاليا 4-0)، قام بحركة بهلوانية، حيث رفع الكرة فوق اللاعب وسجَّل رابع هدف، إنني على ثقة تامة من أنه قادر على أداء مثل هذه الحركة في الدقيقة الثالثة أو الرابعة من المباراة حين تكون المنافسة في أوجها، وهنا يكمن سرُّ كيليان مبابي».

أُضِيفَ لقب «كأس أوروبا» الذي حازه في عمر التاسعة عشرة إلى كأس الغامبارديللا الذي حصل عليه قبل شهرين بسترة فريق موناكو، حيث اشتدَّ عوده. ثم تم تصعيده مع لاعب الظهير الأيسر كريست إمانويل مواسا والذي كان ينتمي إلى جيل الـ98.

«طريقه لم تكن معقّدة، وهذا من حظِّه»

بيار مبابي، مدير ومدرب كرة قدم يروي كيف أن الإصرار والطموح كانا المحرك الذي اعتمد عليه ابن أخيه.

ابن أخيك بهر عالم كرة القدم في كلِّ مكان. هل فاجأك أنت أيضا؟

● كيليان طفل لا يشبه الآخرين، فهو مجنون وصاحب أحلام مجنونة مثله. ومن الأشياء التي لا تُصدَّق أنه يستطيع تحقيق كلَّ ما يصبو إليه. حتى عندما يتعلق الأمر بالبكالوريا. كنا نطلب منه مراجعة الدروس وكان يجيب معترضًا: «حسنًا، إنها البكالوريا، من السهل ضمان اجتيازها». وبالفعل، اجتازها بسهولة. لذا، عندما يتحدَّث عن إنجازٍ ما يُريد تحقيقه، علينا أن نصدِّقه فورًا. أمَّا عن القرارات، فكلُّها متعلقة به وحده ومن يظنُّ أنه بإمكاننا أن نفرض عليه خيارًا ما فهو مخطئ. صحيح أنه محاط بوالديه وبعائلته، إلا أن عدم التحاقه بريال مدريد كان قراره وحده، أما نحن فأقصى ما يمكننا فعله هو الانصياع لقراراته.

صحيح أنه قوي الشخصية إلا أن ذلك لم يمنعه من إبداء استيائه لعدم لعبه مع موناكو قبل أن ينتقل من الفريق. أليس كذلك؟

● صحيح. فهو مُولَع باللعب، وحرمانه منه يوازي حرمانه من الحياة. في تلك المرحلة، لم يكن هو من يُحرِّك مسار الأشياء، في حين أنه يحب التحكم بما يفعله. الخضوع أمر معقد جدًّا لنا.

في السادس من أيلول (سبتمبر)، تم إعلان التحاق كيليان بباريس سان جرمان، وأنت كنت في حديقة الأمراء (بارك دي برانس). بماذا شعرت حينها؟

● شعرتُ بالكثير من الفخر. أذكر جيدًا أننا أخذنا صورة جامعة للعائلة كلها حول طاولة الإفطار: أنا وابني، أخي وابناه إيثان وكيليان، بالإضافة إلى والدي. لقد كانت الصورة الوحيدة التي تجمع كل شباب عائلة مبابي. في العادة لا نأخذ الكثير من الصور مع كيليان لأننا نراه يوميًا... (يتوقف، لا يقدر على إكمال الكلام).

لقد تأثرت...

● نعم. فالأمر مؤثر على كل حال. قد لا ينتبه أحد، ولكن... الجميع فخور به... وجميعنا نُكِنُّ له المشاعر العميقة. عندما أُعيدُ التفكير في كل قصته أقول لنفسي: «حقًّا! لقد فعلها هذا الصبي الصغير!» إنه يسعى وينفذ. ولقد أيقظ فيَّ الحلم أيضًا. والدايَ أيضًا كانا من الأشخاص الذين لعبوا دورًا مهمًّا في حياته، ولكن من دون صخبٍ. أنا سعيد جدًّا لأجلهما؛ فكيليان كان يقضي الكثير من الوقت عندهما حينما كان أخي وزوجته يذهبان للتدرُّب على كرة القدم أو كرة اليد.

ختامًا، كيف تصف لنا دورك في مسيرته؟

● لم أَعْتَدْ التدخل عندما يطلب مني ذلك، بل وفقًا لرغبتي الخاصة. في بعض الأحيان أعطي رأيي في بعض الأمور ولكنني أحافظ دائمًا على موقعي كعمٍّ قبل كل شيء.

لكنك تدخلت فيما يخصُّ بعض مدربي كيليان.

نعم، صحيح ما تقول (يضحك). تواصلت مع بعضهم لأشرح لهم طبيعة كيليان، من دون أن ألجأ للتنظير طبعًا، لأننا في النهاية زملاء في المهنة. لقد درَّبتُ سابقًا ولعبتُ دورًا إداريًّا تارةً أخرى، ومِنْ ثَمَّ يحق لي تبادل الآراء معهم. يجب على المربِّي أن يدرس المهارات التقنية والتكتيكية للطفل وألّا يهمل الجانب الإنساني. لا يسعني إلا أن أحزن عندما أرى ابن أخي أو أخي أو حتى زوجته تعساء. ففي مثل هذه الحالات، نعم أتدخل.

مجددًا، أؤكد أنني فيما يخص المدربين، لا أتدخل أبدًا لأقول لأحدهم: لماذا لم تسمح لكيليان باللعب؟ فهذا شأنه. ما يعنيني هو واجبه الإرشادي الذي يتحتم عليه احترامه عندما يكون مربِّيًا في مركز التدريبات.

- هذه المراحل الحرجة لكيليان...

(مقاطعًا) كرة القدم لا تمثل العالَم المثالي الرغد للأطفال. فلا شيء سهل في هذا الوسط، إنه ممتزج بصعوبات. ما عاشه كيليان في موناكو يتعلق مباشرة بمسيرته المهنية. وما حدث مع برونو إيرلس (مدربه الأول في موناكو) جعل منه أكثر مسؤولية. وما جرى هذا الصيف أيضًا يرتبط ارتباطًا وثيقًا بكرة القدم. ومن يدري؟ لعله في يوم من الأيام سيواجه المزيد من الصعوبات أيضًا، وسيكون عليه أن يظهر صلابته في مواجهتها.

إن مساره المهني لم يكن مُعَبَّدًا قطُّ، وهذا أفضل. إنه لمن البديهي لمن هو في مثل سنه أن يواجه الصعوبات، ولذلك لا داعي لاستعظامها.

كيف تعاملت العائلة مع العروض المبكرة التي قُدِّمت له؟

العروض لا تعني شيئًا. كم يبلغ عدد اللاعبين الذين التحقوا بفرق محترفة ثم خبا نجمهم؟ لو كنت تبلغ من العمر خمسة عشر عامًا وتلقيت اتصالًا من «باريس سان جرمان» يستدعيك فيه للانضمام إليه فالتهبتَ حماسًا وطاش عقلُكَ فرحًا، حينها ستكون حتمًا قد أخفقت، لأنك لن تكون الوحيد الذي تلقى اتصالًا مماثلًا. فعلى الأرجح ثلاثون آخرون قد تلقوه مثلك.

عندما لا تكون العائلة محتاجة ماديًّا، هل يصبح أسهل قول «لا» لفريق مثل ريال مدريد؟

صحيح. كيليان نشأ في جوٍّ من الرفاهية. لقد كان أول حفيدٍ في العائلة حتى بلغ الخمس سنوات. لقد تدلَّل كثيرًا، وإنما من دون مبالغة. غالبًا ما أضحكُ مستهزئًا حين يقال لي إن قرار الالتحاق بباريس سان جرمان يعود لأسباب مادية، بينما يعرف الجميع أنَّ أخي وزوجته كانا ميسورَي الحال. المال لم يكن يومًا المحرِّك، لأنَّ أولى أولوياتنا كانت مصلحة الطفل حتى لو اضطرنا الأمر إلى الاكتفاء بالخبز والزيتون كي نعيش.

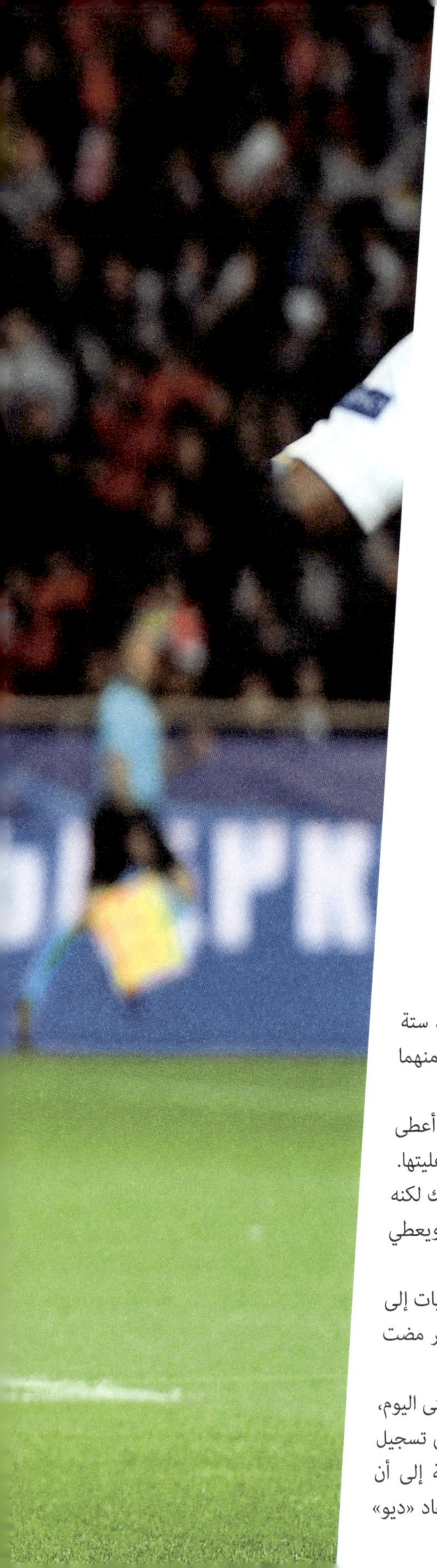

4 - انفجاره 2017

الثُّنائي الذي لا يُقْهَر

في نيسان (أبريل) من العام 2017، كان مبابي وفالكاو يلعبان معًا منذ ستة أشهر فقط. إلا أن مهاراتهما التقنية وبراعتهما وتلاؤمهما كل ذلك جعل منهما الثنائي الأكثر كفاءةً في أوروبا.

شكَّل راداميل فالكاو وكيليان مبابي ثنائي المهاجمين النموذجي، مما أعطى تشكيلة الـ 4-4-2 الموناكية في مربع الثلاثين مترًا قيمتها وتوازنها وفاعليتها.

هل كانا الثنائي الأفضل في موسم دوري الأبطال؟ قد لا يكون الأمر كذلك لكنه بات واضحًا أنهما الثنائي الذي يحلم به كل مدرب لكي ينعش مخططه ويعطي للفريق النشاط المطلوب.

لم يلعبا معًا لفترات طويلة، بحيث تصل حصيلة ما لعباه في كل المباريات إلى 1015 دقيقةً منذ أن جمعهما ليوناردو جارديم لأول مرة قبل ستة أشهر مضت بمواجهة مونبلييه (6-2).

لم يخضِ اللاعبانِ الموناكيانِ جنبًا إلى جنب غير إحدى عشرة مباراة حتى اليوم، غير أن أداءهما كثنائي برز أكثر من أداء الآخرين: لقد كانا قادرين على تسجيل الأهداف والتحرك بخفَّة والتناوب على الركض والتناغم، دون الحاجة إلى أن يكون أحدهما على مقربة من الآخر. يمكن القول إنه من الصعب إيجاد «ديو»

1015 دقيقة معًا، 26 هدفًا

مسابقة	مباراة	فالكاو	مبابي	وقت اللعب المشترك	الأهداف معًا
الدوري الأول	مونبلييه 2-6	●	●	65'	فالكاو مبابي
الدوري الأول	سان اتيان 1-1	○	●	20'	
الدوري الأول	نانسي 0-6	●	○	8'	مبابي
الدوري الأول	ديجون 1-1	○	○	7'	
الدوري الأول	باستيا 5-0	●	●	76'	مبابي فالكاو 2
الدوري الأول	ليون 3-1	●	○	13'	
الدوري الأول	كاين 1-2	●	●	80'	فاكاو
كأس فرنسا	أجاسيو 1-2	●	●	88'	
الدوري الأول	لوريان 0-4	●	○	16'	
كأس الدوري	نانسي 0-1	●	●	77'	فالكاو
الدوري الأول	باريس سان جرمان 1-1	●	○	1'	
الدوري الأول	مونبلييه 1-2	○	●	10'	
الدوري الأول	متز 0-5	●	●	81'	مبابي 3 فالكاو2
الدوري الأول	باستيا 1-1	●	○	19'	
دوري الأبطال	مانشستر 5-3	●	●	79'	فالكاو2، مبابي
الدوري الأول	غانغامب 1-2	●	○	9'	
الدوري الأول	بوردو 1-2	○	●	25'	مبابي
دوري الأبطال	دورتموند 2-3	●	●	85'	مبابي 2
الدوري الأول	ديجون 1-2	○	●	23'	فالكاو
دوري الأبطال	دورتموند 1-3	●	●	67'	مبابي فالكاو
الدوري الأول	ليون 1-2	●	●	80'	فالكاو مبابي
الدوري الأول	تولوز 1-3	●	●	86'	مبابي

● لاعب ○ لاعب احتياط ملاحظة: المباريات التي افتتحوها سويًا

فالكاو		مبابي
28	أهداف	24
38	مباريات معًا	38
0,74	معدل	0,63
كيف؟		
18	القدم اليمنى	15
4	القدم اليسرى	5
6	الرأس	4
أين؟		
27	في منطقة الجزاء	23
5	ضربة جزاء	0
1	خارج منطقة الجزاء	1
متى؟		
16	في النصف الأول من المباراة	14
12	في النصف الثاني من المباراة	10
ماذا؟		
19	الدوري الأول	14
5	دوري الأبطال	5
2	تصفيات دوري الأبطال	0
1	بطولة فرنسا	2
1	بطولة الدوري	3

لعب مبابي وفالكاو 1015 دقيقة معًا هذا الموسم. وفي كل مرة اجتمع فيها هذا الثنائي، كان هدف بداية المباراة من نصيب أحدهما. بداية مع دوري الأبطال (4 أهداف لمبابي و3 لفالكاو): كلاهما لاعب ظهير أيمن بامتياز، وهما يسجلان الأهداف حصريًا ضمن منطقة الـ16 مترًا، وقد شكلا فرقًا واضحًا منذ النصف الأول من المباراة. وعلى الرغم من أنهما قد لا يلتقيان عادة سوى في ثلثي كل مباراة فإنهما يشكلان معا 35% من فاعلية الفريق (150 هدفًا خلال 75 مباراة). وعلى العكس من ذلك لم يسجلا إلا هدفين في الحالات التي تلقيا فيها تمريرة من زملاء آخرين (فالكاو ضد باستيا في الدوري الأول وأجاسيو خلال بطولة فرنسا أما مبابي فضد دورتموند وبوردو في الدوري الأول).

opta

أكثر تكاملًا منهما. وهذا ما يلفتنا بمجرد أن نراهما يلعبان معًا.

يقول كريستيان داميانو، المساعد الأسبق لكلوديو رانييري في المجموعة «أ» والمعروف في مدرجات لويس الثاني: «الأول يمنحك العمق، الحركة والسرعة فيسيطر على المكان. أما الثاني فهو كالثعلب يستشعر كل تسديدة، يعرف كيف يحتفظ بالكرة وكيف يلاعب بها الآخرين. الأول متيقظ دائمًا، سريع البديهة، قادر على المبادرة قبل أن يتلقى الكرة، الآخر حاذق يستطيع تضليلك وإقصاءك بأدنى حركة منظمة. إلا أنهما متشابهان بالدقة، باحتراف التقنيات، بالمهارات وبتواتر الحركات دون أن يتقصدا إبراز قوتهما وسطوتهما أو حتى البحث عن مبارزة على أرض الملعب.

إن مهاراتهما لا تكمن في إبهار الجمهور بل في البقاء قريبًا من المرمى. حضورهما الدائم في الملعب يجعل اعتراضهما صعبًا جدًا حتى في حالات الدفاع القصوى».

عندما يقرر فريق موناكو الاكتفاء بالهجومات السريعة المباشرة بدل الاحتفاظ بالكرة لأطول وقت ممكن خلال دوري الأبطال (46% المعدل الوسطي لاحتفاظه بالكرة)، عندها يحترف مبابي وفالكاو الهجوم السريع والتوغل في العمق سعيًا وراء الكرة، مع المحافظة على مسافة فاصلة لا تتجاوز الـ15-20 مترًا. إنهما يتقنان اعتراض التسديدة، ومنع توغل الخصم ومهاجمة كل من ظفر بالكرة. يلعب الأول بينما يعترض الآخر اللاعبين مانعًا إياهم من تمرير الكرة للداخل.

خبرة الأول وإقدام الثاني

مع بلوغه الثلاثين، لم يعد فاداميل فالكاو المهاجم الذي عرفناه في أتلتيكو مدريد، والذي اعتبره غوارديولا في وقتها «اللاعب الأفضل في العالم»، إلا أن خبرته التنافسية لا نظير لها. في العمق، تجد أن حَدْسه ومكره وشراسته وحس المبادرة تكاد تكون الصفات الأساسية الثابتة للمهاجمين الأميركيين اللاتينيين.

فكما قال سابقًا دييغو سيمون: «تبدو الستة عشر مترًا حديقته الخاصة، وكأنها منزله. في هذا المربع يعرف جيدًا أين يتموضع بالتزامن مع الآخرين، وكيف يختار المكان الأفضل لاتخاذ القرارات وبث الطاقة في اللاعبين».

أما مبابي فهو يتمتع بالإقدام، بالنشاط وبديناميكية ابن الثامنة عشرة. يشير داميانو أيضًا: «حركته وبديهيته مبهرتان. أضف إلى ذلك أنه ذكي، متيقظ لأي تموضع وناضج جدًّا رغم عمره. تكاملهما يكمن بالدرجة الأولى في أسلوبهما التقني ولا يقف عنده».

من المؤكد أن مكونات الحمض النووي لفريق موناكو تكمن في حضورهما القوي وحنكتهما أمام المرمى، بالإضافة إلى قدرة الفريق على خلق التميز وإفساح المجال على جانبي الملعب.

يكمل داميانو مجددًا: «في الأروقة، تجد الكثير من خطط «لاعبَين مقابل واحد»، الكثير من التركيز على اللعب والكثير من الثغرات. ففي الملعب كان اللاعبان مزودَين دائمًا بالكرة،

إما من ناحية دجبريل سيديبيه وبرناندو سيلفا عن اليمين أو بنيامين مندي وتوماس ليمار عن الشمال».

في مواجهة الثنائي بونوتشي- كيليني

إن أول منافس لفريق يوفنتوس هما فالكاو أو مبابي؛ ذلك لأنهما لا يحتاجان الكثير من الكرات والفرص (هدف لكل ضربة لمبابي هذا الموسم في الـC1 وواحد لكل 4.8 محاولات لفالكاو) لكي يصيبا الهدف كما جرت عادتهما بنسبة واحد على اثنين (71% لمبابي مقابل 50% لفالكاو)، وبذلك سينضم فريق يوفنتوس إلى منافسي فريقي مانشستر سيتي ودورتموند.

يؤكد داميانو مساعد المدرب في الفريق التوريني بين العامين 2007 و2009: «في بداية أي مباراة، لا يلعب فريق يوفنتوس مباشرة بل يضع كل ثِقله في الاحتفاظ بطاقته دون السماح للخصم بالتوغل. لذلك سيكون الأمر أكثر صعوبة من المتوقع بالنسبة إلى مبابي».

يبدو التحدي كبيرًا بمواجهة الثنائي بونوتشي- كيليني والفريق المفعم بالصبر، بالإضافة إلى الخطة الدفاعية حيث «كل شيء متقن، محدد ومتناغم»، وبمواجهتنا وجد فريق برشلونة نفسه أمام تحدٍّ صعبٍ».

إلا أنه لا مفرَّ لموناكو من مواجهة مع القَدَر إن أراد إخضاعه: الاحتفاظ بالضغط في منطقة الهجوم بالقرب من مرمى الخصم، التواجد في الوسط مع فالكاو وعلى طول الملعب وعَرْضه مع مبابي، تمكين لاعبي الأجنحة من المشاركة باللعب والقيام بالتمريرات وأخيرًا التوغل في عمق منطقة الخصم. وإلا عليه الاكتفاء بعقد الأصابع لعلَّ النحس يرافق يوم يوفنتوس.

القرار

يعرف فالكاو جيدًا كيف يتموضع وسط فريقه، ولكنه يعرف أيضًا كيف يستفيد من إشارات مبابي لأخذ القرار المناسب: تمرير الكرة أو تسديدها.

»الأول يمنحك العمق والحركة والسرعة فيسيطر على المكان، أما الثاني فكالثعلب حاضر حيث يجب أن يكون.«

كريستيان داميانو، المساعد الأسبق لكلاوديو رانييري في المجموعة »أ«

لا أحد يستطيع أن يمنعكم من الحلم

42

«الأول يقترح عليك الحل حتى قبل أن تتلقى الكرة، أما الثاني فهو ذو أهمية خارقة لِلَّعِب».

كريستيان داميانو، المساعد الأسبق لكلاوديو رانييري في المجموعة «أ»

التنظيم

السرعة والبديهية التي يتحلى بها مبابي حين تتصل بانسيابية فالكاو تجعل عرقلة الدفاعات المضادة للثنائي صعبة جدًّا.

5 - المنتخب الأزرق 2017

عالمه الجديد

لقد انتظر هذه اللحظة طويلًا حتى وصل به الأمر إلى استباقها. البارحة استقرَّ كيليان مبابي في قصر كليرفونتين، المبنى الذي يتلاءم تمامًا مع القصة الخيالية التي يعيشها حاليًا، وقد صادف اليوم الذي أكمل فيه ثمانية عشر ربيعا وثلاثة أشهر.

في مقطع مصوَّر عُرض على موقع الفيدرالية الفرنسية لكرة القدم FFF، يظهر مبابي وهو يصعد الدرج بسرعةٍ لا تقل عن سرعة تصاعد شهرته في الأسابيع الماضية. ثم نراه يتوجه نحو الطابق الثاني ليدخل غرفته ويفتح حقيبته التي لم تمتلئ حتمًا بأكثر مما امتلأت به شباك الحراس الخصوم.

في الليلة السابقة، في كاين (3-0)، خلال دوري الدرجة الأولى تمَّ تسجيل هدفين لصالح موناكو. هدفان جذبا الثناء والإحصاءات الخداعة غالبًا. بعد هذا الفوز، اصطحبه والداه ويلفريد وفايزة إلى الجناح العائلي في بوندي، البلدة الواقعة في سان سانت دنييز والتي تحتل قلب عالمه الخاص.

في هذا المكان اكتسب اللاعب المختار عاداته الحياتية والكروية، على الرغم من أنه اضطر إلى أن يقسم وقته بين ناديه وINF كليرفونتين لمدة سَنَتَيْن.

لا أحد يستطيع أن يمنعكم من الحلم 44

أول مشاركة له في منتخب فرنسا.
في الـ 16 من مارس خلال مباراة ودية مع إسبانيا (0-2). بعد أسبوع واحد من أول دخول له إلى الملعب عند الدقيقة الـ 78 ضد لوغسمبورغ (1-3).

الأم التي قادته إلى كليرفونتين

أُمُّه هي التي كانت توصله إلى منطقة الإفلين كلَّ نهار أحدٍ ثم تعود لاصطحابه كل يوم جمعة. لقد مرًّا في هذا الطريق البارحة صباحًا لكنه اليوم لم يحفل بالمشاعر السابقة نفسها. مجرد التفكير بأنه سيلتقي بعظماء كرة القدم الفرنسية يوقظ في عقله بعض الحماسة والكثير من الكبرياء. ولأن السيطرة على النفس واجبة، كان متحمسًا أكثر منه متوترًا: فالرغبة الجامحة لإظهار مهاراته الكروية تُؤَجِّج قِلة صبره.

في مساحة عواطفه، تزاحمت مشاعر كثيرة أولها الفرح. أما عيناه فاتقدتا كدليل ساطع على سعادته.

«وصل هذا الصباح والبسمة تملأ شفتيه»، هذا ما صرح به ديدييه دوشان في المؤتمر الصحفي الذي عقد بمناسبة اجتماع كل العظماء. وقد أُدرج اسم مبابي في باقة مؤلفة من خمسة لاعبين موناكيين.

في نهاية النهار وبطبيعة الحال، أدخل «عبقري موناكو» - برفقة سيدييه- اللاعب ليمار والمعالج الفيزيائي لمنتخب فرنسا إلى ساحة التدريب وقد دار نقاش مع الأخير بدا محتدمًا أكثر مما كان عليه.

بعد ذلك أخذ وجبة طعام خفيفة تلتها تمرينات لمدة نصف ساعة، بالإضافة إلى الهرولة وكان ذلك برفقة ليمار، مندي، باكاياكو وتوليسو.

أما النشاط الأكبر فكان في الخلف. قبل فقرة التدريب القصيرة، حيث أمضى من 20 إلى 25 دقيقة منشغلًا بالتوقيع للمعجبين به وإهداء صوره للفتيان. وربما رأى في عيونهم العاشقة انعكاس صورته في طفولته عندما كان يتصور مع الفائزين في مونديال العام 1998، ومنهم زين الدين زيدان.

فرنسا كانت قد ربحت الكأس قبل خمسة أشهر من ولادته، مما يفسر ما أشيع حول أنه أصغر لاعب في المنتخب، فقد تم استقدامه ضمن خمسة لاعبين آخرين.

يروي لاعب الوسط في فريق مارسيليا فلوريان توفان أحد اللاعبين المبتدئين: «لقد اكتشفته في التصفيات، لم التقِ به سابقًا في منتخب فرنسا للناشئة. إنه فتى رائع ولطيف ويقوم بأمور استثنائية على أرض الملعب. لا يتصرف كالمراهقين بل كالشبان، علمًا أنَّ الفريق يحفل بمثله. إنه لمن الممتع التعرف عليه».

لقد كان اللقاء محفورًا في الذاكرة تمامًا كأول يوم بالمدرسة.

2017
رواية العام الجنوني

النضج والذكاء المتَّقد شكَّلا أهمَّ العوامل المدهشة في المهاجم الشاب حتى ذاع صيته على شاشات التلفزة كلها مع فريق موناكو في بداية العام، ولم يقتصر الأمر على المحيط الفرنسي بل تخطاه لأبعد من ذلك.

بدأ عامه الدراسي برفقة الصديقين الأبديين جوي كوبو اللاعب الشاب المتدرب في كاين وإسماعيل مبوما الطالب في صف البكالوريا؛ حيث التقوا جميعًا خلال حفلة نظمتها إحدى صديقات الأخير في الكلية.

كان كيليان مبابي قد احتفل للتوِّ بِعيد مولده الثامن عشر (20 ديسمبر 2016) مستفيدًا من العطلة القصيرة التي منحه إياها مدربه في موناكو ليوناردو جارديم للعودة إلى المنزل.

في بوندي، على أعتاب باريس حيث يقيم دائمًا والداه وأخوه الأصغر إيثان، يشعر وهو وسطهم أنه سريعًا سيُصبح أحد أعظم مفاخر مدينته. في تلك الليلة، اختبر الاحتفال الأول بليلة الميلاد ورأس السنة خارج منزل العائلة. لقد أصبح طفل سان سانت دينيز راشدًا وقد آن الأوان في صبيحة العام 2017 ليقرِّر أن يُحَلِّقَ خارجًا. من موناكو إلى باريس، ومن فرق فرنسا للشباب إلى تلك التي يديرها ديدييه دوشان، سيحطم الفتى كل الأرقام القياسية ويدخل في صخب العالم الجديد جاهزًا للرهان، واضعًا قبعته على رأسه. لقد وصل السيد الجديد إلى المدينة! إنه كيليان مبابي الذي لا حدود لطاقاته!

مبابي المنضم إلى منتخب فرنسا، لاعب وبطل فرنسا مع فريق موناكو، هداف في دوري الأبطال، مبابي ذو الـ 18 ربيعًا بدا خاطفا للأنظار.

كان على ويلفريد مبابي إعطاء تصريح لمجلة «Equipe» في الثالث عشر من تشرين الأول (أكتوبر) من العام 2016، لكي يستفيد ابنه من تخصيص وقت أكبر للعب في فريقه في فترة الخريف. أما ليوناردو جارديم -مدرب موناكو- فعمل على ترويض قلة صبر المهاجم الشاب عبر إيكاله اللعب بشكل منتظم بالتناوب مع غيره، وذلك بعدما واجه خطر احتمال انتقال اللاعب في فترة تبادل اللاعبين الشتوية mercato.

وعلى الرغم من أن نهاية السنة كانت غنيةً بالوعود، فإن كيليان مبابي لم يحظَ باللعب خلال شهر كانون الثاني (يناير) في دوري الأبطال championnat.

وبعدما شارك لمدة دقيقة واحدة فقط في مواجهة مارسيليا (1-4)، باريس سان جرمان (1-1)، ونيس (3-0)، ولمدة ربع ساعة في مواجهة لوريان (4-0)، استشاط الشاب غيظًا وغضبًا؛ لكونه لم يفهم سبب منعه من الحصول على فرصة اللعب لفترة أطول، وعلى الأقل على أرضه أثناء مواجهة فريق بروتون Bretons الذي كان في حالة سيئة.

ولكن في السابع من شباط (فبراير)، وتحديدًا خلال مباراة منتصف الأسبوع في مونبلييه (2-1)، قرر التقني البرتغالي في تلك الليلة إزاحة راداميل فالكاو وإطلاق كيليان مبابي لينغمس لاحقًا في صعوده المجنون.

الساحر

كمهاجم متميز، أسر العقول وواصل نجاحه حتى نهاية الأسبوع المقبل من خلال تسجيل ثلاثة أهداف رنانة في مرمى ميتز (5-0) ضمن مجموعة هجومات حارة تكللت ب 107 أهداف خلال الدوري الأول L1.

«إنه وحش الثامنة عشرة» عنونت مجلتنا صبيحة اليوم التالي.

وجدت الأعجوبة ضالتها في باستيا بعد أربعة أيام من الصدمة أمام مانشستر سيتي في الثامن من نهائي الذهاب لدوري الأبطال، لكن تسديداته، تكتيكه ونيران قدميه زرعوا بذرة الثقة في عقل مدربه ومسؤوليه. فمع أسلوب اللعب الذي يدعو إليه بيب غوارديولا وفقدان المهارات الدفاعية لفريق مانشستر سيتي فتُحت الطريق بقوة أمام منافسي موناكو.

في ظل هذا الوضع، كيف للفريق أن يحرم نفسه من مبابي؟ فحتى اللحظة الأخيرة، ظل فالير جيرمان يبدع اللعب منذ بداية الموسم ويتقدم كمن حظه وافر ليساند فالكاو في ستاديوم الاتحاد.

لم يتلقَ غلام بوندي خبر تسميته للمشاركة في بداية الـC1 بعد دخوله الثالث في مرحلة الفِرق إلا خلال المناقشة التي تسبق المباراة أي قبل ساعة ونصف من انطلاق الصافرة.

وحين عرف كيليان مبابي أنه لم يُستَدعَ لمواجهة توتنهام (2-1) في أيلول (سبتمبر)، انهمر باكيًا واختفى في الطبيعة لساعات طويلة، من دون أن يعلم أنه في الـ21 من شهر شباط (فبراير) من العام 2017 سيضع أولى بصماته في الساحة الأوروبية خلال مباراة خاطفة للأنفاس (3-5).

يروي كيبيتي كوبو المقرب جدًا من العائلة: كنت عادةً ما أرسل له الرسائل قائلًا: «سوف تُسجِّل هدفًا يومًا ما»، أما

في ذلك اليوم، فلقد بعثت له برسالة مفادها: «أيها الصغير، ستُسجِّل هدفًا!» كنا قد تحدثنا في الأمر سابقًا ولقد استفزيته حينها قائلًا: «انتبه، ففي المواجهة ستقف بوجه أوتاماندي وكومباني، عليك أخذ الحيطة والحذر» فأجابني: «مرحبًا، لا تقلق، أنا واثق مما سأفعله».

على الرغم من الخسارة، ترك مبابي أثرًا في شمال إنكلترا يصعب محوه، كان ذلك عندما سجل الهدف الأول في دوري الأبطال من خلال تسديدة طويلة من الوسط. حينها بدأت السلسلة العظيمة للنجاحات تتكون.

فقبل مباراة الإياب في الخامس عشر من آذار (مارس)، لم يعد تعيينه للمشاركة في اللعب موضع نقاش. لا سيَّما أنه سجل مجددًا وشارك بفاعلية في تصفيات موناكو (3-1). في الربع نهائي سجل هدفين في مباراة الذهاب في مرمى دورتموند (2-3) وهدفًا واحدًا في مباراة الإياب (3-1).

أما في التاسع من آب (أغسطس) في تورين، وتحديدًا خلال مباراة الإياب من النصف نهائي، شكل الرافد الوحيد الذي حقق الربح لفريقه في مواجهة يوفنتوس (0-2 و1-2) مما أثار إعجاب اللاعبين الإيطاليين.

لاحقًا، اعترف أندريا بارزالي لاعب الدفاع العالمي في فريق يوفنتوس (36 سنة) قائلًا: «لقد درسنا أسلوبه في اللعب وخلصنا إلى القول إن هذا اللاعب مُدَمِّر. لقد قابلت لاعبين كُثُرًا خلال سنوات عملي إلا أنني لم أرَ أحدًا مثله قطُّ».

ملخص جملته الأخيرة في C1 : 6 أهداف في تسع مباريات وست مشاركات. إنها لأرقام تاريخية!

الجموح

بدا شباط (فبراير) رائعًا على عكس آذار (مارس) الذي سيكون كارثيًا. فبالتزامن مع بطولات المهاجم الشاب على ساحة الأطلسي، ستشهد نهاية الشتاء حدثًا إعلاميًا وشعبيًا. ففي السادس من آذار (مارس)، احتل اسم كيليان الصفحات الأولى من مجلة «L'Equipe» لأول مرة تحت عنوان: «الساحر». ظهر العنوان بعد إنجاز جديد في الدوري الأول L1 بمواجهة نانت «Nanthes» من خلال تسجيل هدفين (4-0). أما في الخامس عشر من الشهر ذاته، فكان الأمر حاسمًا بمواجهة مانشستر سيتي في ملاعب لويس II. وفي الـ16 طلبه ديدييه دوشان للمرة الأولى لمنتخب فرنسا.

منذ الأول من شباط (فبراير)، سجل مبابي بكل مشاركة له هدفًا حتى وصل العدد إلى 16 هدفًا في تسع مباريات.

خلال شهر ونصف الشهر، احتل كيليان مبابي أراضي لم يكن لأحدٍ تخيلها. مساحات تخطت حدود المنافسات الرياضية

«حتى بمواجهة التنمر وخلال أول مؤتمر صحفي له كان كالسمكة التي تسبح في بحر الفريق الأزرق».

التقليدية.

ذُهِلَت فرنسا تحت تأثيره، وأُخِذَت بموهبته ونشاطه، فَعَمَّدَتْه نابغة استثنائية لم تكن قد سمعت باسمه خلال الأسابيع المنصرمة.

الجموح سيد الموقف، فكل شيء يتطور بسرعة فائقة، ولكن الأمر لم يكن قطُّ كافيًا بالنسبة إلى الشاب ذي البسمة الساخرة، والذي كان قد عبَّر سابقًا أمام كاميرا والده عن ثقته بالنجاح بأعلى مستوياته.

ففي اليوم الذي تم استدعاؤه به في القميص الأزرق، أسرَّ له أحد الأعضاء في الفريق الموناكي ما كان مقررًا منذ الصباح. كان سعيدًا طبعًا لأنه كان ينتظر البشارة منذ بضعة أيام.

في 25 من آذار (مارس)، وبمواجهة لوكسمبورغ (3-1)، بدأ يخطو خطوة جديدة في تسلقه اللامتناهي نحو النجاح: في عمر الثامنة عشرة وثلاثة أشهر وخمسة أيام، حقق المهاجم بدايته مع منتخب فرنسا بعد أن توسل ديميتري باييه المشاركة في نهاية المباراة (الدقيقة 78). ثم جاءت مشاركته في مباراة ودية ضد إسبانيا (0-2) بعد ثلاثة أشهر.

كان يكفيه بضع عشرات سجلتها آلات التصوير في ستاد فرنسا خلال إحدى المباريات ليعود إلى مقاعد الاحتياط. إلا أن خصوصية المنتخب الفرنسي، حفظت موهبته وذكاءه وجرْأته

فلم تمر مرور الكرام من دون أن يلحظها أحد. «كان يتميز بنوع من اللياقة الفطرية تتيح له اجتياز الصعوبات بسهولة بارزة»، يشرح فيليب نورنون، رئيس الصحافة chef de presse
.

«يمكن القول إنه كان يملك القدرة على التعبير. كان يعرف كيف ومتى وأين يتكلم. فأسلوبه القاسي، ومؤتمراته الصحافية وعلاقاته مع اللاعبين القدامى تشكل أكبر شاهد على ذلك. كان الأمر يبدو عفويًا مما كان يشكل مشكلة لكثير من اللاعبين الآخرين».

أول تجربة كان يواجهها وحيدًا على كرسي برفقة قنينة المياه وميكروفون لاعبي كرة القدم، بعين ثاقبة وبسمة ساخرة، وعلى عكسه بدا اللاعب الجديد فلوريان توفان متسمرًا في الرهبة حين كان يحين دوره للكلام.

في تلك الليلة، قدم الباريسي المستقبلي نسخته من أغنية c'est plus l'heure التي أداها فنانو الراب فرانغليش، دادجو وفيغانا بأسلوب RNB المتجدد. (Rythm and blues نوع موسيقى يعود للحقبة بين الـ-1940 1970 تجمع بين الهيب هوب والسول).

صعوبة إيجاد ديو أكثر تكاملًا

يصادف التاسع من أيار (مايو) نهاية مغامرة موناكو في دوري الأبطال في تورين. إلا أن هذا الاستبعاد المنطقي والمنتظر لن يتزامن مع نهاية الموسم لفريق الإمارة. فبعد ثمانية أيامٍ، سيظهر فريق ليوناردو جارديم على أنه بطل فرنسا في نظر باريس سان جرمان خلال مباراة متأخرة مع سانت إتيان (2-0).

لقد فتح مبابي أبواب النجاح والاحتفال بتسديد هدفه الخامس للموسم في الدوري الأول منذ الدقيقة الـ19 (في 29 مباراة حيث شارك في 17 منها). بدت الليلة قصيرة لزملائه الذين انتشوا راحة وسعادة. أما هو فلم يرغب بالخروج للاحتفال. لقد حقق إنجازه الصيف الماضي عبر لقب بطل أوروبا الذي

حازه مع منتخب فرنسا عندما كان يبلغ من العمر أقل من 19 عامًا. كان يفكر في المباراة ضد رين بعد ثلاثة أيام، وبضرورة تسجيل رقم قياسي آخر مع الفريق الأزرق الذي كان ينتظره في بداية حزيران (يونيو)، عبر أحلام الفتوحات التي تعشعش داخله. ختامًا وبعد إلحاح مديريه، قرر الظهور في الحفل. إلا أنه وجب عليه المرور بمنزله لتغيير ملابسه ثم لم يخرج منه إلا في النهار التالي بعد ليلة طويلة أطبق فيها النعاس جفنيه.
يملك مبابي قدمين مبدعتين وقدرة لافتة على الجذب، لكنَّ طباعه الخاصة وعِناده كانت أيضًا من الأشياء التي اشتهر بها. وقد تتالت النجاحات حتى برز اسمه في جائزة المنتخب المثالي في الدوري الأول خلال توزيع جوائز الـ«UNFP»، ثم في دوري الأبطال من خلال الـ«UEFA». فمن سيوقفه بعدها؟!

في الأسابيع التي تلت، يلتقي مبابي أوناي اميري من باريس سان جرمان، بيب غوارديولا من مانشستر سيتي، آرسان فنغر من أرسنال، جورجان كلوب من ليفربول، وسيتبادل المكالمات الهاتفية مع زين الدين زيدان من ريال مدريد، حيث أراد أن يأخذ احتياطاته لما سيأتي.
في كل مرة تم فيها التواصل كان يصر على القول إن الانتقال لم يكن من أولوياته مما كان يثير ردود فعل المونكيين الساخرة فيقولون: «أتظنون أن فتى مثله لا يهدف من خلال التواصل مع كل مدربي أوروبا إلا إلى التسلية؟».
لِمَ لا؟ على كل الأحوال في الأول من تموز (يوليو) غادر شقته في كاب داي التي كان يقطنها مع والدته، لينتقل إلى منزل اشتراه آنفًا. ولقد كان مقررًا أن تسكن العائلة بأكملها في جواره. أما في بوندي، فقد أصبحت المخططات جاهزة ويتم إعلانها بعد بضعة أيام. في الوقت الذي تتناقل فيه الألسن في بعض حلقات موناكو كيف أن المهاجم وأقرباءه رفضوا كل الاقتراحات المقدمة من المديرين الموناكيين. لكن الخبر هنا ليس دقيقًا، وذلك يعود للسبب التالي؛ وهو أن عصبة مبابي ما كانت لترضى بمبلغ زهيد لو تم اقتراح تمديد العقد، فإن فريق أ.س.موناكو لم يقدم أي عرض جديد للاعبه الموهوب.
في خضم كل التقلبات، عادت للملعب سطوتُه. ففي التاسع من حزيران (يونيو) في السويد (1-2) خلال مباراة الهزيمة لفرنسا في تصفيات كأس العالم، دخل مبابي إلى الملعب مدة خمس عشرة دقيقةً. وبعد أربعة أيام، شارك كلاعب أساسي بمواجهة إنكلترا في مباراة جرت على مدرج Stade de France ليجعل منها مناسبة لإبراز نبوغه وإقدامه. فبعد أن سدد رمية في عارضة المرمى، قدم هدف الفوز إلى عثمان ديمبيلي (2-3، في الدقيقة 78). في المشهد كله، بدا أن مبابي هو اللاعب الذي لا يُقْهَر.

2017
20 تمريرة حتمية
33 هدفًا
62 مباراة
موناكو
منتخب فرنسا
باريس سان جرمان
31
10
21
20
1
12
6
3
11
12

أصغر لاعب:

- يحرز **10 أهداف** في 15 مباراة خلال دوري الأبطال
- يسجل هدفًا في **نصف نهائي** دوري الأبطال عن عمر 18 سنة و 140 يومًا في 9 أيار مع فريق موناكو ضد يوفنتوس (1-2)
- يحصد **20 هدفًا** في الدوري الأول منذ أربعين عامًا
- يصبح **لاعبًا فرنسيًا عالميا** منذ عام 1955، عن عمر 18 عامًا و95 يومًا (مريان فنسيسكي 18 عامًا و 61 يومًا).

أفضل هداف فرنسي:

عدد الأهداف المسجلة بحسب النادي:

1. كيليان مبابي موناكو، باريس سان جرمان	32
2. أ. لاكازيت ليون، ارسنال	30
3. ن. فيكير ليون	25
4. غريزمان أتليتيكو مدريد	24
5. و. بن يدر سيفيل	20

6- انتقاله إلى باريس سان جرمان
2017

"أصبح لاعبًا عظيمًا"

هل بدا لك شهر آب (أغسطس) طويلًا قبل انتقالك؟
● في الحقيقة لم تبدُ لي المفاوضات طويلة، بل عدم المشاركة في اللعب كانت هي الفترة الصعبة والطويلة. لقد بدأت المفاوضات قبل شهر حزيران (يونيو)، ولكن منذ اللحظة التي انتُزِعْتُ فيها من الملعب بدأ الوقت يمرُّ بطيئًا. صحيح أن الأمر لم يدم أكثر من أسبوعين إلا أنه بالنسبة لي بدا وكأنه امتد طيلة فترة الميركاتو.

على الرغم من سير المفاوضات كما يجب، هل كنت تفضل الاستمرار في اللعب مع موناكو بانتظار صدور قرار الانتقال؟
● بالتأكيد. فالمدرب يعرف جيدًا أنني كنت لا أزال في تصرفه وأنني كنت قادرًا على اللعب في كل المباريات وأن اهتمامي بمستقبلي لم يكن ليتغلب على مهاراتي، حتى لو بدت في الحقيقة أقل جودة في بداية الموسم. أجهد دائمًا كي لا أعطي الأعذار لنفسي حتى أبقى في أوج عطاءاتي مهما حدث.
كان من الممكن ألا يتم هذا الانتقال وأن أبقى في موناكو. ولو حصل ذلك لكنت خسرت المشاركة

DOSSIER GRIEZMANN: LA FIN DES MOIS DOUTE?
france football
TOUT L'ÉTÉ, RETROUVEZ «LE GRAND MERCATO» DE FF
180 M€
analyse
MBAPPÉ
COMMENT LE PSG A TOUT BOUSCULÉ
étude
LES CHIFFRES FOUS DES TRANSFERTS
222 M€
technique
DEMBÉLÉ
CE QUI L'ATTEND AU BARÇA
L'ÉTÉ DE TOUS LES RECORDS
84,8 M€
105 M€
Mercato
64,7 M€
41,5 M€
M 04155 - 3721 - F: 3,20 €
STADE LOUIS II
AS MO
STADE
10

في ثلاث مباريات. حينها كان الأمر سيبدو مؤسفًا حقًّا. لهذه الأسباب كنت أرغب دائمًا في اللعب وكنت أشعر بالحزن لعدم المشاركة. ولكن، حسنًا. إنه قرار النادي في النهاية وعليَّ احترام كل قراراته.

إذا توقفنا عند المبالغ المالية المبذولة، يبدو واضحًا موقف موناكو وخوفه من أن تُصاب. ألم تتفهَّم السبب؟

● نعم وكلا. فمن جهة، عندما أضع نفسي مكانهم أرى أنني سأفكر مثلهم. ومن جهة أخرى، كنت متحيزًا لنفسي لدرجة كانت تمنعني من فهمهم. كنتُ على كل الأحوال لاعبًا مهمًّا في الفريق، والحرمان من لاعب مهم هو أمر ... (لا يقدر على إكمال عباراته)... لكن حسنًا، أحترم قرارهم.

> «إنه العالم الذي اكتشفته وهو ما لا أتمناه لأحد في الحقيقة. إن ما نراه ليس الوجه الحقيقي لكرة القدم».

هل يمكن اعتبار هذه المرحلة هي أقسى تجربة عشتَها منذ أن أصبحتَ محترفًا؟

● نعم. طبعًا، لا سيَّما أنني لم أكن أعرف شيئًا عن هذا العالم. إنه عالم قد اكتشفته للتو، وفي الحقيقة لا أتمنى لأحد اكتشافه فهو لا يمثل الوجه الحقيقي لكرة القدم. حسنًا. لقد وجدت ضالتي في الملاعب وهذا ما يهم بالنسبة لي.

هل صدمك الأمر حقًّا؟ ألم تكن تدرك هذا الوجه من وجوه كرة القدم؟

● كلا. فقد كنت املك صورًا معينة في ذاكرتي من خلال ما كان يقوله الآخرون. ولكنني لم أكن لآخذ كلامهم على محمل الجد. يتغير الأمر حالما تصبح في قلب الموضوع. إنه عالم يجب تفاديه.

كثيرًا ما قيل إنك كنتَ تتمنى البقاء في موناكو موسمًا آخر. هل هذا صحيح؟

● نعم، عندما أنهيت الموسم في أيار (مايو)، كنت بصدد البقاء. لم أكن أفكر بأي أمر آخر. وعندما قابلتُ المدربين أعربتُ لهم عن أولوياتي، أي البقاء في موناكو. لو قام فريق موناكو بما كان ينبغي فعله لبقيتُ معه إذ إنني لم أكن أفكر

FEDCOM
ORezza
ASMONACOFC
ORezza
Plus que de l'eau...

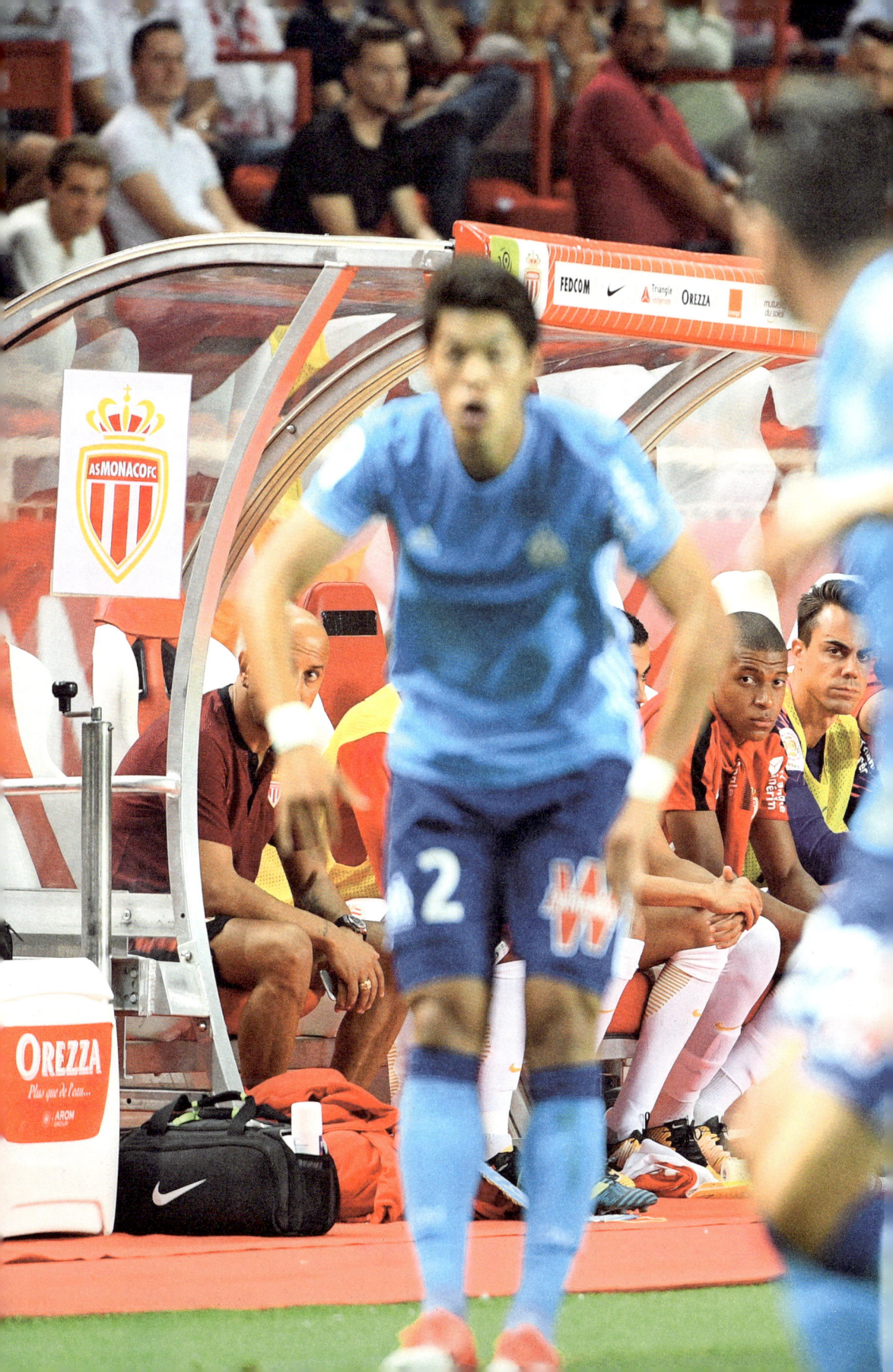

بالانتقال. لكن، حصلتْ بعض الأمور فغيرت قراري. لا أحقد على أحد اليوم ولا أعرف إن كان الأمر فضيلة لي، ولكنني غالبًا ما أضع نفسي في مكان الآخر. لعلَّني لو كنت مكانهم حينها، لقمتُ بما قاموا به.

لماذا باريس بدل مدريد؟

● لأنه كان سيتيح لي الاستمرار في اللعب والتطوُّر. جُلُّ ما كنت أريده هو اللعب. فمنذ اللحظة التي تقرر فيها أن يكون هدفك اللعب فقط ستختار الفريق الذي سيتيح لك ذلك. هذا كل ما في الأمر.

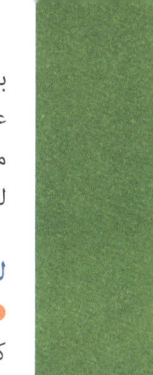

«شعرتُ أن فرصي في باريس أكبر من فرصي في مدريد».

ألم تكن على ثقةٍ من أنك ستلعب كما يحلو لك في مدريد؟

● إنها ليست قضية ثقة، إذ لا يمكننا التنبؤ بالأمر. كل ما يقال عن ذلك لا يعدو عن كونه ترهاتٍ، فلا أحد سيكتب في عقد العمل أنك ستحظى بفرصة في اللعب هنا أو هناك أو حتى هنالك. لكنني شعرت أن فرصي باللعب في باريس ستكون أكبر من فرصي في مدريد.

كان من الممكن أن تلعب مع FC برشلونة أو مانشستر سيتي...

● نعم، إلا أنني فرنسي! وقد اخترت فريقًا فرنسيًّا. أظن أن استقدام لاعب للمشاركة في دوري الأبطال سيُفرح الناس. لكن أفضل من هذا أن يشارك فريق بأكمله في الدوري!

في ربيع الـ2017 كنتَ تمثل صورة اللاعب المثالي: تلقيت تربية جيدةً.. مؤدبٌ ومتكلِّمٌ. ثم خلال الصيف تم اعتبارك «صبيًّا سيئًا». هل آذاك ذلك؟

● كلا. كنت جاهزًا لهذا. عندما تتحضر لأمرٍ ما، فإنك تغدو جاهزًا لاستقبال السيئ كما الجيد. فعندما تَقْبَل أن يُقال عنك «أفضل لاعب» سَتَقْبَل أيضًا -مع المبالغة- أن يُقال عنك أنك أحقر ما يكون. فهي تجربة كغيرها من التجارب ولم تكن لتقلقني قطُّ. كلا. بصدق. اليوم الذي آلمني حقًّا هو اليوم الذي قيل لي فيه إنني لن ألعب. ففي مثل هذه اللحظات شعرتُ بالألم، وفكرتُ: «يا إلهي إن الأمر قد يصل إلى هذا

الحد؟»، لا سيَّما أنني كنتُ أريد مساعدة الفريق حتى النهاية. أما عن النقد اللاذع، فأتخطاه بسهولة. وبصراحة، إنها ليست المرة الأولى التي أُنْتَقَد فيها.

في أحد الأيام، عندما سئلتَ عن عفويتك، صرحتَ في «المنطقة الإعلامية» بعد مباراة منتخب فرنسا: «يبدو أن الأمر يعجبكم بكل الأحوال!». هل ما زلتَ تحب أن تنال دائمًا إعجاب الآخرين؟

● أنا على سجيتي ولا أسعى لتبني نمطٍ معينٍ. فأنا كما أنا، وأعتقد أن هذه الميزة هي ما يحبه الناس فيَّ. مشاعري تبدو واضحة على قسمات وجهي، إن كنت سعيدًا أم لا. أنا لا أعمد إلى التمثيل لا من خلال تعابير وجهي ولا حتى بتعابير لساني. أنطق بما أفكر به وما أُكِنُّه في قلبي يظهر على لساني، ولكن مراعيًا حدود الاحترام.

«أنا على سجيتي ولا أسعى لتبني نمط معين. فأنا كما أنا، وأعتقد أن هذه الميزة هي ما يحبه الناس فيَّ».

يقال عادةً إنك أعجوبة كرة القدم. فهل التعايش مع الثناء كل الوقت أمر سهل؟

● إنه بسيط لأنني واثق مما أنا عليه، فأنا مدرك لموهبتي طبعًا، لكنَّ ذلك لا يمنع أن أعمل جاهدًا لأنني ما زلت بعيدًا عن الهدف الأبعد الذي كنتُ قد وضعته لنفسي. الطريق ليست مفروشة بالورود، وما زال لديَّ الكثير من الدروب لاجتيازها. كل الإطراءات جيدة لكنها لا تتجاوز حدود التأثير التشجيعي.

الوصول إلى أين؟

● أطمح لأن أصبح لاعبًا عظيمًا. أن استحوذ على كل الألقاب الممكنة. هذا هو هدفي. لا أريد أن أكون مجرد مؤدٍّ. لا أريد أن أكون اللاعب الهشَّ الذي اكتفى بالمشاركة بالمواسم الصغيرة. أريد الفوز في كل سنة.

ما هي أولى ذكرياتك في باريس سان جرمان؟

● آه! باريس! إنه فريق أسطوري في عالم كرة القدم الفرنسية. أما بالنسبة إليَّ، فأول معيار يكمن في حقبة

Fly
QNB

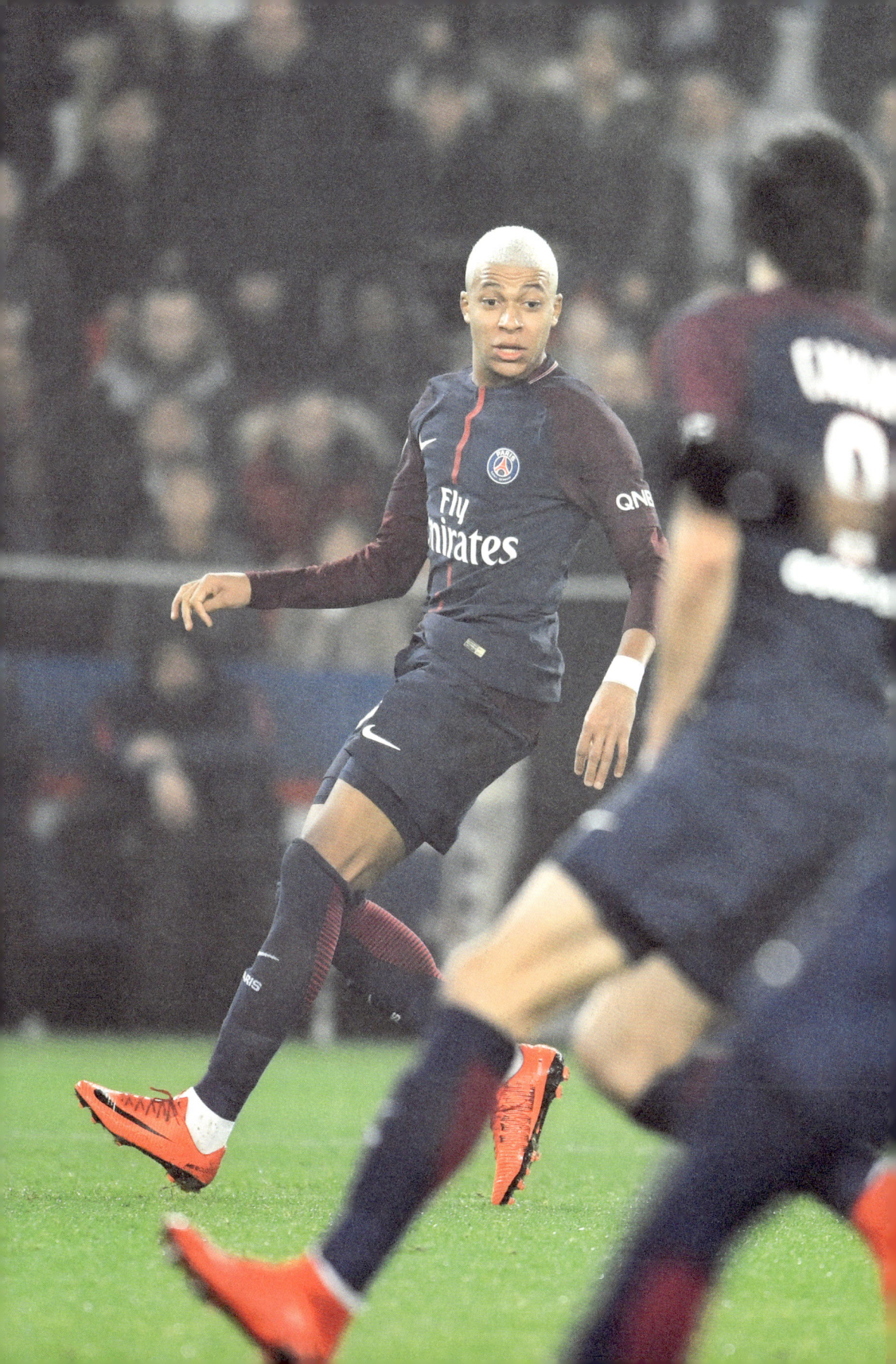

Fly Emirates

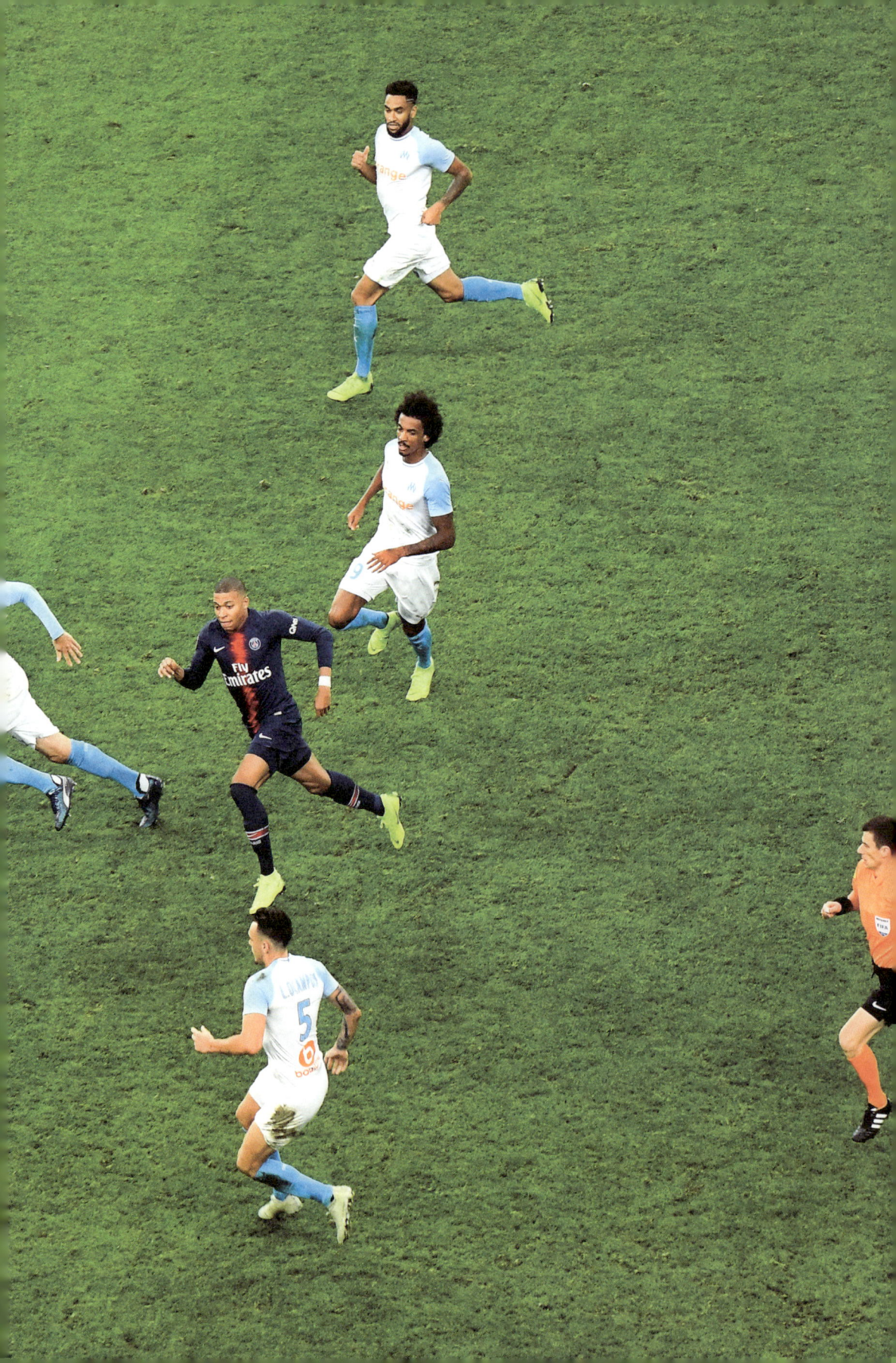

رونالدينيو (باريس سان جرمان بين الـ2001 و2003)، ثم مباراة الكلاسيكو الفرنسي في مواجهة الأولمبيك دو مارسيليا، وختامًا هدفاه المشهوران (في 26 أكتوبر 2003، 3-0).

هل كان اختيارك لباريس سان جرمان نابعًا من رغبتك بالفوز بدوري الأبطال مع فريق لم يكن قد حاز كأسه من قبل؟

● في الأصل أتاح لي المشروع التطور دون مغادرة بلادي. كان مهمًّا بالنسبة إليَّ عدم مغادرة بلدي «كاللصوص». فاللعب ستة أشهر ثم الرحيل لا يليق بالكبار. اللاعبون الكبار يربحون أينما حَلُّوا. ولو غادرت في حينه لما كسبتُ احترام الفرنسيين الذي سيجعل مني لاعبًا كبيرًا.

«اللاعبون الكبار يربحون أينما حلُّوا».

منذ الـ 2011 ومع بدء التمويل القطري أصبح دوري الأبطال حُلم باريس سان جرمان. فهل هو حلمك أيضًا؟

● لا أحد يستطيع منعنا من الحُلم.

هل من الممكن تحقيق هذا الحُلم؟

● طبعًا يمكن. لا أحد يمكنه انتزاعه منَّا. نملك فريقًا رائعًا، لاعبين رائعين، أفضل لاعب في العالم (نيمار) إن لم يكن الأفضل مستقبلًا. إن فريقنا مبني ليجمع بين النجوم. يبدو الأمر رائعًا كحُلم، يتبقى علينا تحقيقه على أرض الواقع.

بعض الفيديوهات تظهرك وأنت تستعرض مسارك الكروي عندما كنتَ في الرابعة أو الخامسة أو السادسة. كنتَ نفسك في منتخب فرنسا تغني النشيد الوطني... هل تذكر؟

● طبعا أذكره فهو مرتبط بطفولتي. لقد كنت حالمًا كبيرًا عندما كنت صغيرًا. كنت أحلم باليوم الذي سأصبح فيه في مكان اللاعبين الذين كنت أراهم على التلفاز. ما زلت أحتفظ بكل هذه الذكريات ولو نسيتها لعدتُ إلى أشرطة التسجيل فهي تذكرني بها بشكل دائم (يبتسم).

هل كان محتومًا، منذ طفولتك أنك ستصبح لاعبًا عظيمًا؟

● لاعبًا عظيمًا؟ لا أدري. لكن «لاعب»، طبعًا. لا يمكنني تخيل حياتي تدور حول فكرة واحدة. فلو لم أكن لاعبًا لسعيتُ لاجتياز الامتحانات لأُدَرِّبَ أو لأفعل أي شيء يتعلق بعالم كرة القدم. إنه هدف يجعلني أستيقظ كل صباح ساعيًا لتحقيقه. فعندما كنت أذهب إلى المدرسة -ولم أكن أحبها- كنت أقول في نفسي: لعل ما أدرسه اليوم سيفيدني لاحقًا في مسار كرة القدم. إن كل ما كنت أقوم به كنت أهدف من خلاله إلى التفوق في مجال واحد: كرة القدم.

«لو لم أكن لاعبًا لسعيت لاجتياز المسابقات كي أدرب أو أفعل أي شيء يتعلق بعالم كرة القدم».

يبدو أنك كنت موهوبًا في المدرسة، علمًا أنها لم تكن تهمك.

● اهتممتُ لها في البداية فقط. فمنذ أن فرض عالم كرة القدم نفسه في حياتي أصبح هو خياري الوحيد. إن لكرة القدم في حياتي أهمية تتخطى الشغف. منذ ذلك الحين لم أعد أحب المدرسة.

يُؤْتَى عادة على ذكر تلك المقاطع المصورة عندما كنت صغيرًا. حتمًا سماعك وأنت تتكلم فيها يغمر والديك بالسعادة.

● (يبتسم) نعم، والداي كانا يسخران مني قليلًا. كانا يقولان إنني كنتُ مجنونًا قليلًا. لكن مع تقدم الوقت بدأت ردود فعلهما تختلف. أما اليوم فيبدو أنهما في وضع حرجٍ معي. (يبتسم)

يأخذ المال حيزًا كبيرًا من تفكير اللاعبين، هل تذكر رد فعلك الأول حين غادر أخوك الأكبر جيراس كامبو للعب في الخليج؟ لقد كنت تبلغ حينها السادسة عشرة، وبدا أن القرار قد أثر فيك كثيرًا لأنه كان نابعًا من غاية مادية بحتة...

● صحيح. لقد كان خياره لكنني لم أتقبله أبدًا. كان الأمر صعبًا عليَّ حقًّا، لا سيَّما أنه كان قد خرج للتو من موسم رائع مع فريق رين (10 أهداف خلال 32 مباراة في الدوري الأول عن عمر يناهز الـ24 عامًا) وكان قاب قوسين أو أدنى من الالتحاق بمنتخب فرنسا (حصد 13 selections و3 أهداف مع فريق إيسبوار Espoirs). كنت أظن أنه بإمكانه تحقيق الإنجازات. لقد بكيتُ كثيرًا لذلك بدافع الحب الأخوي... في تلك المرحلة، لم أكن موافقًا إلا أنه كان يجب علينا احترام خيارات الآخرين. لقد دَعَّمْتُه وسأَدْعَمُه دائمًا.

قال لنا آلان مبوما صديق عائلتك المقرب والذي تعتبره بمثابة عمك: «كان يستمتع بمشاهدة المقابلات التلفزيونية للاعبين ويعمد إلى تقليدهم. كان يتخيل أنه يجيب على أسئلة الصحافيين وأظن أنه كان يقول لنفسه: ماذا كان سيجيب كريستيانو رونالدو على هذا السؤال؟»... هل هذا صحيح؟

● إنه صحيح. نعم. بل كنا غالبًا ما نلعب لعبة المقابلات أنا ورفاقي بعد المباريات في غرفة تبديل الملابس بهدف المرح. لقد كان كل منا يلعب دور الصحافي تارة ثم اللاعب تارة أخرى. لقد كانت مهنة كرة القدم بكلِّيَتها تبهرنا في الحقيقة. لقد كنا نتقمص شخصية اللاعب بُغية معرفة أي شعور كان يعشعش في داخله. لقد كانت طفولة رائعة حقًّا، (يبتسم). ●

Fly
dyneff
Gaz
montpellier
métropole
Sud de France
29
PARIS

العودة إلى مسقط الرأس

شكّل اختيار باريس سان جيرمان بالنسبة إلى كيليان مبابي خطوة إلى الأمام في مسيرته المهنية وخطوة إلى الخلف في حياته الشخصية. فانتقاله من فريق موناكو هو عودة إلى جذوره، هو الذي وُلِدَ في العاصمة وكبر في بوندي، إحدى مدن سان سانت دينيز التي ارتبطت باسمه بقوة.

يخبرنا والده ويلفريد في شهر كانون الثاني (يناير) حين كان المدير الفني لفريق أ.س. بوندي قائلًا: «كان الجميع يعرفه هنا. فهو أحد اللاعبين الذين استقروا لفترة طويلة في نادينا قبل الانتقال للعب في إحدى الفرق المحترفة. لقد احتفظنا به أطول فترة ممكنة علمًا أن الكثير من اللاعبين كانوا يغادرون عند بلوغهم الثانية عشرة من العمر. ما الداعي للمغادرة إذا كنت تملك خياراتك وكنت تنتسب إلى عائلة منظمة ولها علاقات اجتماعية جيدة؟».

لقد انتهى الأمر باللاعب العالمي الجديد إلى الانطلاق بعيدًا في العام 2013 حين بلغ من العمر أربعة عشر عامًا، إلا أنه لم ينسلخ قطُّ عن جذوره التي لطالما جذبته إلى نادي طفولته.

أصبح اللاعب في ستاد ليو غرانج مجرد ذكرى، لكنه كان أيضًا حاضرًا في ذهن كل المجازين في كل مرة كان يعود فيها إليهم. نذكر على وجه الخصوص حادثة 18 أيار (مايو) 2017 حين تنقل بين الإمارة وبوندي صبيحة نيله لقب بطل فرنسا.

يقول كيليان في ذلك اليوم وهو يُلوِّح بالكأس أمام معجبيه: «لا يمكن تفسير الشعور الذي يغمرني اليوم. إنه لفخار عظيم. هذه المدينة، إنني أعرف هذه المدينة جيدًا ففي كنفها كبرت وترعرعت، وفيها استودعت قطعة مني. هنا، أنا لستُ (مبابي) أنا بكل بساطة (كيليان)». لقد طغى اسم كيليان على اسم عائلته كدلالة على قربه العاطفي من فريق الـ93.

حضورٌ حَذِرٌ لكنه لافتٌ

في موطنه، كان من السهل التغلُّب عليه أكثر منه في أرض الملعب. يكمل والده الكلام قائلًا: «بقي كيليان على حاله، شاب في متناول الجميع، يأخذ الكرة ويلعب مع الصبيان الصغار ذوي الأربع سنوات، كأنَّ لا هُوَّة بينه وبينهم. يلقي التحية على كل الصغار، يجيب عن كل أسئلتهم ويلعب معهم.

كان يأسر كل حواسهم حين كان يحدثهم: عيونهم وأفواههم مفتوحة وأيديهم ممتدة نحو أغراضه».

يستأنف الأب: «لقد كان يسمح لنا راعي كيليان بالحصول على دفعات وهدايا للتمرينات بشكل كان يتيح لنا مكافأة الصغار والتكفل بلباسهم من الرأس حتى أخمص القدمين. كنا أيضًا ننظم مقصفًا شبه مجاني. كل ذلك بواسطة كيليان».

إن نشاطاته كانت تشرح كيف أن حضوره كان قويًّا على الرغم من كونه خفيًّا، ففي الأروقة لم تعلَّق أي صورة له على الجدران لتوثق فتوحاته السابقة. الصور الوحيدة التي كانت راسخة افترشت ذاكرة كل من خالطه.

«هنا أنا لستُ مبابي أنا بكل بساطة كيليان».

لا أحد يستطيع أن يمنعكم من الحلم

«أتذكر إحدى المباريات بمواجهة منافس مباشر لنا حين كان لا يتجاوز الخامسة عشرة من العمر. كنا على وشك الربح بنتيجة 2-0 حين سجل منافسنا هدفًا مفاجئًا. فعبَّر أحد اللاعبين الزملاء قائلًا: «كيليان! إن للأمر لحرج!». فأجاب: «لا تقلق، أعطني دقيقتين لأسجل!». ثم أخذ الكرة، تخطى الجميع ووصل بمحاذاة الحارس ثم سدد الرمية بكل ثقة. حتى عندما كان أصغر من خمسة عشر عامًا كان يلعب بنسبة تقل عن 30 أو 40% من طاقته الحقيقية، وكان يدرك أن هذه النسبة كافية لتحقيق الربح.

إن قوة بنيته ساعدته على مواجهة اللاعبين وتخطيهم بسهولة. كما وأنها كانت تساعدنا في معرفة الفروقات خلال المباريات بوضوح. لم يكبح أحد جماحه مع ويلفريد، فهو لم يكن مجرد مهاجم وحسب، بل كان يتقن كل شيء وكان مثال اللاعب المبدع».

صعوبة إيجاد ديو أكثر تكاملًا

انطلق اللاعب إلى باريس سان جرمان حاملًا معه المكانة المذكورة والتي تعقبته منذ طفولته. يحكم تونيو ريكاردي قائلًا: «لقد كان دائمًا في المقدمة، ولقد سَبَرَ كُنْهَ اللعبة قبل غيره، فقوته كانت تكمن في تسديداته، وقد سبق وقام بالخيارات الصائبة منذ أن كان يبلغ من العمر أحد عشر عامًا. فقد كان يحرص على تأخير التسديدة للسماح لزميله بالتوغل في العمق حين كان يتطلب الأمر ذلك. إنني لم أدرب أحدًا أقوى منه. لقد اكتسبنا لاعبَين مميزَين هنا شبيهَين بجوناثان إيكونيه (الذي تمت استعارته من باريس سان جرمان في مونبلييه)، وبآخرين من جيل الـ1999 الذين التحقوا بمراكز التدريب، إلا أنني لم ألتقِ بأحدٍ مثله. أي أحد قطُّ!».

«لم أدرب أحدًا أقوى منه. لقد حظينا بلاعبين جيدين في بوندي لكنني لم أر أحدًا مثله، لا أحدا!».

تونيو ريكاردي

قادم من باريس ليحمل كأس الأبطال، سيلقى مبابي هزيمتين في ثمن النهائي: أولهما في 2018 في مواجهة ريال مدريد، ثانيهما في 2019 ضد مانشستر يونايتد.

في مواجهة هولندا في التاسع من أيلول 2018، يفتتح مبابي التسجيل في المباراة. وبعد عام سيسجل أول هدف له كلاعب في منتخب فرنسا في مرمى الخصم ذاته.

MBAPPE
10

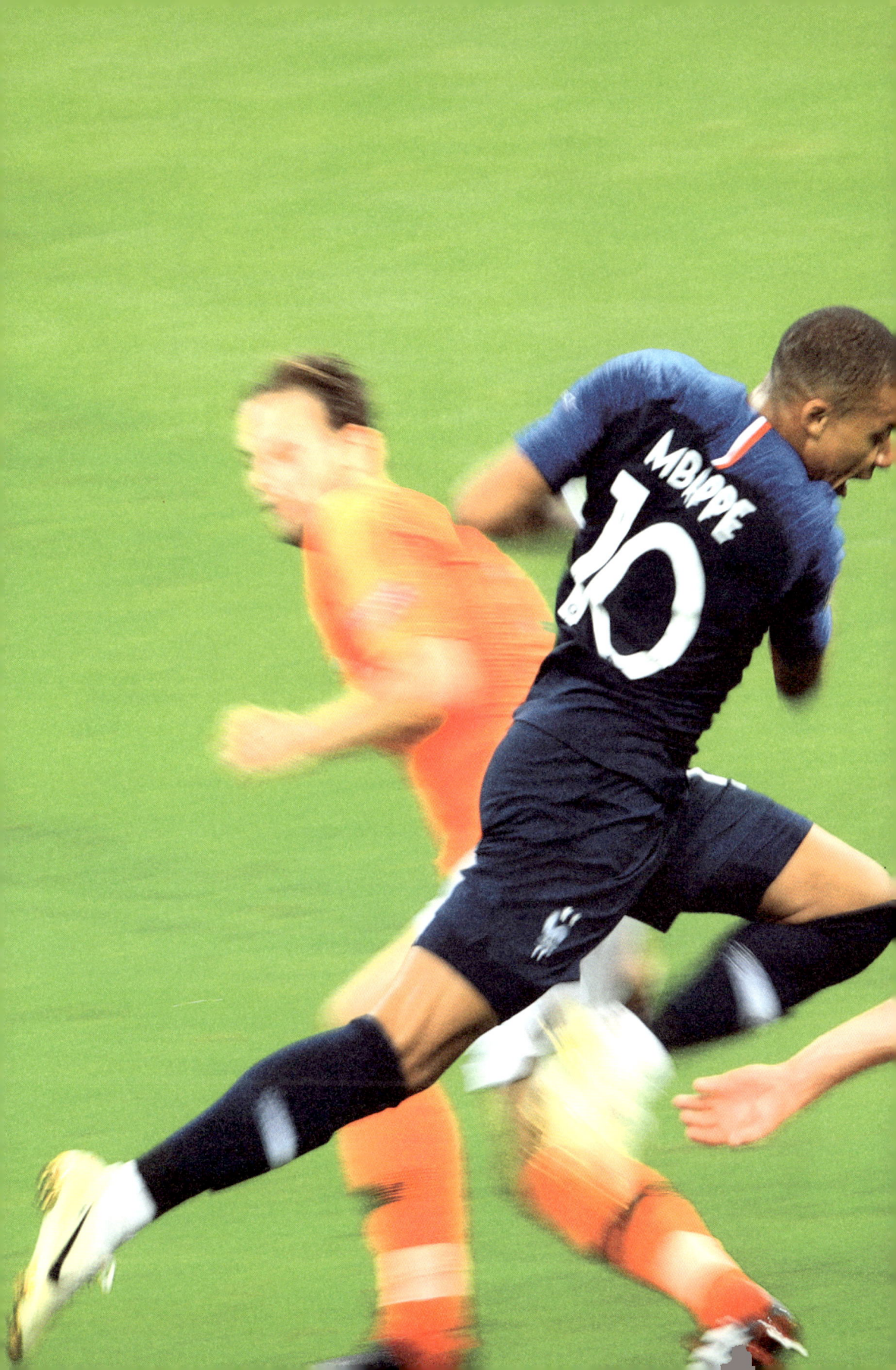

7 - تكيُّفه
2017-2018

«لم أكن أتوقع كل هذا...»

لو كان عليكَ أن تحتفظ بيوم واحد فقط في فريق باريس سان جرمان منذ قدومك حتى الآن، فأيها تختار؟

● اليوم الأول، يوم تقديمي للإعلام في السادس من أيلول (سبتمبر) 2017. ففي ذلك اليوم وجدتُ نفسي في مساحة جديدة، شكَّل الأمر لدي الانطباع بأنني أجتاز نهرًا ما وأنني أغيِّر عالمي كُليًّا. لقد تم اصطحابي إلى مكان مجهول كُليًّا بالنسبة إليَّ. كنتُ كمغني روك محاطًا بالمشجعين الذين يحيونه، في حين كان العالم بأسره حاضرًا في الندوة الإعلامية.

هل أخافك الأمر قليلًا حين كنت في خضمه؟

● كلا، أبدًا. لقد سيطرت الحماسة عليَّ وكنتُ كثيرَ

PARIS
MBAPPÉ
29
LFP
LFP
ooredoo
LIGUE 1
Conforama

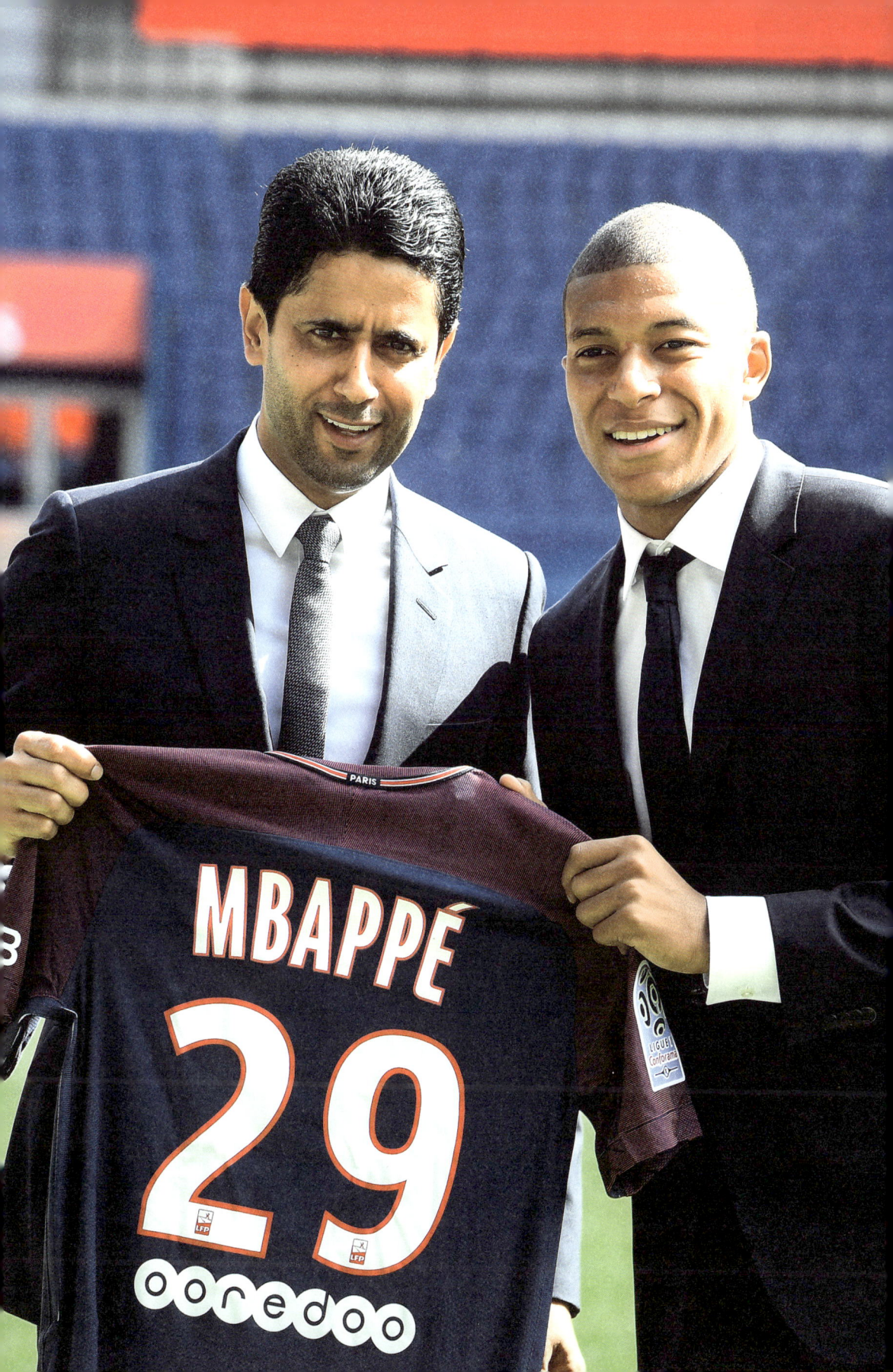

«لم يكن لدي متسع من الوِقت لمشاغبات المراهقين».

الفضول لخوض التجربة واستكشافها، مع الإشارة إلى الضغط الكبير الذي ينتج عن ذلك.
لقد قلت في نفسي منذ بداية المباراة (بمواجهة متيز 5-1) إنه كان يجب سرقة العقول منذ البداية. وهكذا كان. إن الأمر كان ضروريًا لضمان الالتحاق بالصفوف الأمامية منذ البداية.

ألا تحلم أحيانًا بالهدوء، بالعودة إلى حياتك السابقة أو حتى بعيش حياة أحد رفاق الطفولة؟

● قليلًا، بلى. فأنا لم يعد بإمكاني فعل الأمور الطبيعية كالسابق.

مثل ماذا؟

● لم يعد بإمكاني الخروج مع رفاقي فجأةً إلى الشارع والوقوف كي آخذ المشروب على التراس عندما يكون الطقس جميلًا. إنها محاذير المهنة، وأنا أتقبلها؛ لأنَّ هذه اللعبة هي ما رغبت به دائمًا. ولذلك عليَّ تقبل كل ما يرتبط بها.

ما أصعب ما يمكن الإحجام عنه لفتى في مثل سنك؟

● الأشياء البسيطة في الحياة. فصيرورتي السريعة كلاعب موهوب أفسد الكثير من الأمور في حياة المراهقة الكلاسيكية التي كنتُ سأخوضها. لاحقًا لن أستطيع سرد مشاغبات طفولية لأولادي؛ لأنه لم يكن لدي المتسع من الوقت لفعلها. وسيسألونني حتمًا عن السبب، وطبعًا سأقول لهم إنني في عمر الثامنة عشرة كنت قد بدأت اللعب مع باريس سان جرمان؛ حيث لم يعد بإمكاني الشغب. ذلك هو الأمر الوحيد الذي أندم عليه.

ألا تندم لأنك أُجبرت على الرَّصانة باكرًا جدًّا؟

● أظن أنني غرقت باكرًا في العمل المهني المحترف، على الرغم من أنه أمر سعيتُ له وأعشقه. أن تكون في السادسة عشرة يعني أنك ما زلت غلامًا صغيرًا. وفي اللحظة التي تقرر فيها إمضاء عقد احترافي ينتهي الأمر ولا يعد بإمكانك أن تكون الغلام الصغير. بل سيتوجب عليك التصرف كالراشدين، التفكير كالراشدين والتعامل كالراشدين. في السادسة عشرة كنت لا أزال أرغب في المشاغبة، ولكن فعل أي أمر خارج عن المألوف كان مستحيلًا في مهنتي. عليك أن تكون مسؤولًا وعصاميًّا وإلا، ستبقى على الهامش.

هل كان من الصعب السيطرة على هذه المرحلة؟

● نعم، لأنَّها كانت تتطلب منك الكثير من الأمور التي لا تتلاءم مع عمرك. كانوا يطلبون مني مثلًا الذهاب إلى مراكز الرعاية الصحية أو إجراء المقابلات، بينما كنت أفضل تمضية الوقت في لعب ألعاب الفيديو مع رفاقي أو الذهاب للتسكع في السوق. لكن حبي لكرة القدم أحكم السيطرة على كل ذلك. ولو لم أكن مولعًا بها لما قبلتُ بهذه المساومة، لكنت قلتُ: «اتركوني، أريد اللعب بهدوء في نادٍ صغيرٍ من الدرجة الأولى، دعوني أَعِشْ حياتي». إدراك مبتغاك أمر هام، فأنا لم أترك منزلي في سن الثانية عشرة حاملًا معي أحلامي الكبيرة كي أعود من منتصف الطريق.

هل صحيح أن فترات العودة إلى نادي كليرفونتين كل ليلة أحدٍ بعد تمضية عطلة نهاية الأسبوع مع العائلة كان أمرًا معقدًا؟

● صحيح، لا سيَّما في السنة الأولى تحديدًا. أعني الفترة الممتدة بين تشرين الثاني (نوفمبر) وشباط (فبراير). في أغلب الأحيان كنت أتمنى لو يتصلون بي قائلين إنَّ يوم غدٍ هو يوم عطلة وأن أبقى عند أهلي. لقد كان مكانًا باردًا حتى عندما كانت التدفئة تشتعل بالنار. لقد كان من الصعب الانسلاخ عن المأوى الصغير المريح كل ليلة أحدٍ، ولكن ذلك كان يحضرنا جيدًا.

بصدقٍ، وبنظرةٍ شاملةٍ نوعًا ما، ألا يبدو لك صعودك الواضح سهلًا قليلًا بالرغم من كل شيء؟

● أستطيع أن أتفهم كيف أن الأمر يبدو سهلًا في عيون بعضهم؛ لأنني ظهرتُ فجأةً من العدم، وسرعان ما برزت في الدوري الأول ثم في دوري الأبطال... ولذلك، قد يبدو الأمر سهلًا لسرعته، إلا أنه ليس كذلك البتةَ. ففي عالم كرة القدم، ينبغي عليك أن تواجه كل التعقيدات لتفرض نفسك. أذكر ضغوطات الملعب طبعًا ولكن هناك أيضًا الضغط الإعلامي والمشاكل الصغيرة خارج عالم الرياضة. إنه درب شائك، خصوصًا اليوم في باريس؛ حيث ضغوطات النتائج والرغبة بحصد كل الجوائز تتفوق كثيرًا على تلك الموجودة في موناكو.

عندما تتعاظم شهرتك، ما هو الفخ الأكبر الذي ينبغي عليك تفاديه؟

● كل المغريات التي تلوح في الأفق. يجب الانتباه جيدًا إلى الصورة التي نعكسها، خصوصًا أن الإعلام يسيطر على هذا العالم بشكل كبير. من الصعب جدًّا القبول بفكرة أننا يمكننا جني الكثير من المال، بينما نريد الاستمرار بالاستمتاع، يجب الانتباه إلى ذلك. بالنسبة إليَّ، أنا أتسلى في فترات العطل، بينما أعمل كل السنة.

كنتَ تبكي كثيرًا في صغرك لأتفه الأمور...

● صحيح. كنت أمرُّ بفورات عصبية، كنتُ غضوبًا لأنني لم أكن أجد الحلول بنفسي. أما اليوم فالوضع صار أفضل إذ إن قدرتي على التحليل تحسَّنت.

متى كانت آخر مرة؟

● لم أبكِ منذ فترة طويلة، فمنذ أن أصبحت محترفًا لم أعُد أبكي أبدًا. تزامن الأمر مع حصول الكثير من الأمور الجيدة لي قبل بضعة أشهر.

هل تستطيع اللعب دائمًا بنفس المتعة حين تزن ما يقارب الـ 180 مليون يورو؟

● حقًّا؟ أنا ... أشعر أيضًا أنني أكثر خِفَّةً مما كنتُ عليه في موناكو. ففي باريس ما زالت المتعة تسيطر على كل شيء. ففي هذا النادي أنا أحترف اللعب مندفعًا نحو الأمام. وفي اليوم الذي لن أشعر فيه باللذة في اللعب سأفقد الرغبة بالسعي وراء الكثير من الأمور. أعترف أنني -في خضم الحياة- لستُ عاملًا نشيطًا. فأنا لا أتفهم أولئك الذين يتكلمون عن التضحيات التي يقدمونها طيلةَ حياتهم المهنية، لا أتفهمهم. بالنسبة إليَّ، التضحية الحقيقية تكمن في الاستيقاظ باكرًا كلَّ

صباحٍ للعمل جاهدًا. وحتى هذا الأمر، لا أظن أنني كنت سأقوم به لو لم أكن مولعًا بكرة القدم. فأنا لستُ مولعًا بالعمل.

ماذا نفعل إذًا حين يكون عمرنا ثمانية عشر عامًا لكي نتحمل الضغوطات وتفاديًا لفقدان السيطرة على الأعصاب؟ ما هي سبل الوقاية التي تتخذها؟

بما أنه لا يمكنني الخروج كثيرًا، أدعو الكثير من رفاقي إلى المنزل؛ نلعب الورق، نمزح، نفكر بأمور أخرى غير كرة القدم. إنها اللحظات الوحيدة التي أستطيع خلالها التصرف كباقي أقراني. كما أننا نلعب لعبة التحديات مثل: «من يستطيع فعل كذا دون أن يثير حفيظة والديه؟»... ألعاب طفولية تتناغم مع سني.

هذه الأيام الخالية من كرة القدم، أهي ضرورية؟

● خالية من كرة القدم؟ مستحيل. فأنا دائمًا ما أعود إليها. لعلي ذهبت مرة واحدة إلى عالم ديزني مع العائلة إلا أننا شاهدنا في الليلة ذاتها مباراة كرة قدم عبر شاشة التلفاز. كرة القدم تشكل بالنسبة لي حياتي. أما عندما يحين موعد التدريبات فإنني لا أعود إلى منزلي قبل الرابعة والنصف عصرًا. وفي بعض الأحيان يتصل بي والدي ليقول: «عد أدراجك الآن». (يضحك)

ماذا ستقول لنفسك كل صباح، ليس أثناء حلاقة ذقنك بل لحظة استيقاظك؟

● «يا لحظي! سوف ألعب اليوم أيضًا». لم أعد أستيقظ لأكتب أو أحضر دروسي بل لأركل الكرة. إن المزاج الجيد يطغى عليَّ دائمًا عندما أكون في السيارة التي تقودني إلى حيث التدريب (لأنه لا يملك رخصة، وضع فريق باريس سان جرمان بتصرفه سائقًا يصطحبه من وإلى منزله عند كل تدريب في كامب دي لوج). كما لو أنني كنت أدرك أنني أعيش حلمًا قد تحقق للتو.

بسمتك التي تظهر على قسمات وجهك هي واحدة من سماتك. هل تدرك لماذا يقطب الكثير من اللاعبين جبينهم على أرض الملعب على عكس ما تفعله أنت؟

● أظن أن بعضهم يكون منغمسًا في التحديات والضغوطات. البعض الآخر لا يضحك كثيرًا كجزء من طباعهم مثل كافاني الذي أكّد بأنه يكون سعيدًا جدًّا لوجوده على أرض الملعب، وعلى الرغم من ذلك فهو لا يفرد أساريره أبدًا إلى أن يسدد الكرة، وذلك يعود إلى عمق تركيزه. أما أنا، فأملك نمطًا مختلفًا قليلًا. فأنا أبلغ الثامنة عشرة من العمر، ألعب مع باريس سان جرمان، نلت عدة ألقاب، أسجل الأهداف... فهل يجب عليَّ أن أقطب حاجبي؟!.

في شهر تشرين الثاني (نوفمبر)، لحظة طباعة أسماء المرشحين الثلاثين للكرة الذهبية، قلتَ لنا إن مركزًا واحدًا بين عشرين سيبدو «خرافيًّا». هل نبع هذا الموقف من التواضع أم أنها طريقتك الخاصة للوقاية من المفاجآت السيئة؟

● كلا. كنتُ أقول ما أفكر به حقًّا. فأنا أحترم كثيرًا اللاعبين الكبار. كثيرًا جدًّا. وأن تكون سنة 2017 أفضل بالنسبة لي منها إلى كثير من اللاعبين الكبار، فهذا لا يجعلني أتوقع مركزًا عاليًا جدًّا مثل المركز السابع. فأنا لم أرَ الـ29 اسمًا على اللائحة إلا على التلفاز منذ مدة قصيرة. أما اليوم فأنا منهم، ولذلك أشعر أنني قد غيرت مركزي.

«بالنسبة إليَّ، التضحية الحقيقية هي الاستيقاظ باكرًا للذهاب للعمل».

كيف تلحظه؟

● سابقًا، قبل المباريات الكبيرة كانوا يسألونني إن كنتُ على ما يرام، إن كنتُ مستعدًّا. الجميع كان مهتمًّا بالتفاصيل الصغيرة، مدربين، زملاء، أعضاء فريق... أما اليوم، ومع انتقالي لأكون لاعبًا يستطيع اتخاذ القرارات، زاد الاهتمام بي لشخصي. حتى في التدريبات تغير كل شيء. فهم يراقبونني ويسألونني إن كان عبء العمل يزعجني وإن كان التدريب ملائمًا لاحتياجاتي ولمركزي. في السابق عندما كنت على مقاعد الاحتياط لم أحظَ بكل هذا الاهتمام (يبتسم). وعادة، كلاعب احتياط، جُلُّ ما قد يطلب منك هو إثبات نفسك. أنت جيد وقد تحظى بفرصة أخرى للعب؛ أنت غير جيد، ستعود إلى مقاعد الاحتياط. أما بالنسبة لي، فالتغيير كان سريعًا سيَّما أن مركزي كلاعب احتياط يجب عليه إثبات الكثير ليس ببعيد، فلقد كُنْتُهُ البارحة.

منذ متى أدركت أنَّ مَن حولك قد بدأ بحمايتك؟

● منذ شهر آذار (مارس) 2017 في موناكو بعد المباريات بمواجهة سيتي، حيث سجلت أربعة إلى ستة أهداف متسلسلة (في الثامن من النهائي عن فئة C1، سجل هدفًا في الذهاب 5-3 وآخر في الإياب 3-1)، عندها رأيتُ وفهمتُ أن كل شيء كان قد تغير حولي وأن الفقاعة الإعلامية قد انفجرت أيضًا.

وجودك ضمن المراكز العشرة الأولى هو كالدخول إلى أكاديمية للكبار، صحيح؟

طبعًا. فعندما وصلني الخبر قلت في نفسي: «أنا في قلب الحدث، اليوم يمكنهم الاعتماد عليَّ». إن مركزًا بين المراكز العشرة يضعك حتمًا بين الكبار جدًّا. ففي المراكز المتقدمة، ستحظى بمنافسة تجعلك لا تكتفي بما أنت عليه. فبمجرد أن تخفق سَتُنْسَى سريعًا ما حصدته لأنَّه سيكون هناك كثيرون ممن يرغبون في الاستحواذ على مكانك.

هل تعلم مَن كان الشخص الذي لم يتطلب وقتًا كثيرًا ليحقق فوزًا بعد ظهوره الأول في لائحة الكرة الذهبية؟

● البرازيلي رونالدو؟

نعم، لقد تطلب الأمر سنتين فقط. (ورد اسمه في اللائحة عام 1995 ثم كرابحٍ في العام 1997).

● عن أي عمر؟

كان عمره واحدًا وعشرين عامًا حين كسر الأرقام القياسية. هل هو حقًّا محفز لك؟

● طبعًا أحب هذا! إن الأمر ليس مجرد هوس، أنا أحب إحراز أهداف عالية جدًّا جدًّا، فذلك يساعدني على التقدم وعلى إدراك الوجهة التي أصبو إليها. إن الأمر أشبه بنورٍ خافت تلمحه من بعيد ثم تحاول الوصول إليه.

«خلال كأس العالم، لم يتوقف نيمار عن إرسال الرسائل لي...».

أنتَ مَن ينظم كل أموره، أنا واثق من أنك توقعت العمر الذي ستحظى فيه بأول كرة ذهبية. هل أنا مخطئ؟

● (يفكر) في الواقع، ثمة ما هو أبعد من الكرة الذهبية... إنها الامتيازات التي أفكر بالحصول عليها مع الفريق. فالكرة الذهبية لا توهب للاعب لا يتيح لفريقه الوصول إلى أهداف عظيمة. فالكرة الذهبية هي نتاج كل ذلك، إنها ليست صدفة.

ما الفرق بين الطموح والادعاء؟

● الطموح هو المكان الذي تشعر أنك قادر أن تصل إليه، أما الادعاء فهو التباهي بقدرتك على امتلاك أشياء ليست بمتناول اليد وليست من حقك. في الحقيقة كلنا نعرف حدود قدراتنا.

أيٌّ شيء تشعر أنك قادر؟

● كي أكون صادقًا، لا أعرف... في الواقع لم أعُد أعرف كثيرًا. لقد رسمتُ مخططات لمهنتي ولكن بما أن شيئًا لم يجرِ كما كان مقررًا، وبما أنني وجدت نفسي في مكان أعلى مما كنت متخيلًا منذ أشهر قليلة، يبدو استقراء المستقبل صعبًا قليلًا. صِدْقًا، لا أعرف... فبداياتي المميزة قليلًا كمحترف جعلتني أغير كل مخططاتي. أنا لم أتوقع كل ما حدث لي، كأن أكون سابع أفضل لاعب في العالم في العام 2017.

بعد إخفاقات باريس سان جرمان تحديدًا في المباراة ضد الـOM اكتشفتَ لعبة النُّقاد تحت عنوان «يكفي»، «أيحسب نفسه نيمار؟»... ماذا تفعل لتتجاهل مثل هذه الأمور؟

● غالبًا في بداياتي كنتُ أتأذّى لسماع الانتقادات كأغلب اللاعبين. ولكن على قدر شعوري بالأذيَّة، كنت فخورًا بنفسي.

هل من الممكن تطوير هذا الرأي البسيط؟

● عندما بدأت سماع جملة: «لقد مضت مباراتان ولم يسجل كيليان أي هدف»، قلت في نفسي: «يا إلهي! إنها توقعات تليق بكبار اللاعبين!». لا ينبغي خداع أنفسنا، فلا أحد يصنع كل هذا الضغط على لاعب بعد مرور مباراتين فقط دون أن يسجل أي هدف، وإلا ستمتلئ صفحات مجلات كرة القدم بالأخبار أليس كذلك؟ (يضحك). إذًا، بشفافية، عندما بدأ الشك يتسرب إلى البعض وبدأ الأمر يبدو «كقنبلة وطنية»، كنتُ أشعر بالرضا. ففي هذه اللحظة أدركتُ أنني قد تخطيت إحدى العتبات، فأكثر من 90% من لاعبي كرة القدم يمضون أكثر من مباراتين دون أن يسجلوا أي هدف ودون أن يلحظ أحد ذلك. أما أنا فأتقبل التحدي سيَّما أنه يليق بالمركز الذي أطمح إليه.

ألَمْ يزعجك الأمر؟

● كلا. لعلَّ بعض الانتقادات قد تؤذيني حقًّا، وإنما ليس هذا النوع. - ماذا يمكن أن يحدث لك في مثل هذه الحالة؟ أن يتعرض أحد لتربيتي هو الأمر الوحيد الذي قد يهينني. أما ما هو دون ذلك فهو طبيعي في عالم كرة القدم.

يقول ألبير كامو: «القليل من الحكمة التي عرفتها اكتسبتها من أرض الواقع». أنت أيضًا؟

● صحيح أنك تتعلم الكثير عن الحياة على أرض الواقع، فأنا بنيت الكثير من الأمور عليها بالمشاهدة وبارتكاب الأخطاء أيضًا. أما خلف كل هذا العالم، فيلزمك إطار عائلي حقيقي لحمايتك. ولقد كنت محظوظًا بالحصول على عائلة متينة جدًا.

هل يزعجك أن تكون الذكي الصغير في الوسط الكروي؟

● هل معرفتي بتركيب كلمتين مناسبتين تكفي لكي تجعل مني ذكيًّا؟ أجد الأمر مضحكًا. لأن بعض اللاعبين لا يجيدون التعبير جيدًا تجد وسائل الإعلام سعيدة بإيجاد لاعب يتقن

التعبير بطلاقة إلا أن ذلك لا ينفي وجود متكلمين كثر في عالم كرة القدم.

هل مهارة التواصل الفعَّال تبقى مهمة؟

● حتمًا... لكنَّ التواصل لا يشبه الغلاف. فإن كانت نواتك أي أرض الملعب ليست صالحةً فأجمل المحادثات لن تجديك نفعًا. إن كان التواصل هو أولويتك غَيِّرْ مهنتك وتحول إلى مسؤول مبيعات.

هل يمكنك إعطاؤنا مثالًا عن أحد اللاعبين المتكلمين في عالم كرة القدم، شخص يستطيع إيصال الرسائل بشكل جيد؟

● أنا أحب كثيرًا أسلوب زين الدين زيدان في التعبير. فهو لا يتلفظ بالكلام جزافًا ولا يُضْعِفُ من عزيمة أحدٍ. إنه محترم جدًّا من دون أن يكون أسلوبه باهتًا.

هل تشعر بالراحة في هذا العالم السطحي؟

● نعم، فمنذ البداية عرفت كيف أرسم الحدود- على ما أظن.

كيف تتصرف لتتمكن من الانخراط في غرفة تبديل ملابس مليئة بنجومٍ تطغى عليهم «الأنا»؟

● لقد وصلت هادئًا، طبيعيًّا، ملازمًا مكاني. وبما أنني أحبُّ الانخراط بالآخرين، لم يتطلب الأمر مني جهدًا كبيرًا. يجب أيضًا أن أظهر الاحترام للاعبين موجودين حققوا إنجازات سابقة في مسيرتهم، لا سيَّما أن بعضهم يمكن أن يكون بمثابة والدي (يقهقه). فأنا لن أصل في اليوم الأول لأربت على كتف داني آلف مثلا، قائلًا: «هل كل شيء على ما يرام صديقي داني؟»... يجب التصرف بلباقة.

ومع نيمار؟

● مع نيمار يختلف الأمر، فهو احتضنني وضمَّني مباشرةً إلى كنفه. في الحقيقة، كان ينتظر قدومي. ففي نهاية الميركاتو لم يَكُف عن مراسلتي: «متى تصل؟» وكنت أجيبه: «انتظرني، إنني قادم». ولعله ظن عندما طال الأمر قليلًا: «لقد كذب عليَّ، لن تأتي أبدًا.» ولكنني منذ أن وصلت فعل كل ما بوسعه ليريحني. فعلى أرض الملعب كان يبحث دائمًا عني، يمرر الكرة لي غالبًا. عندما يحييك أحد اللاعبين بهذه الطريقة سيساعدك حتمًا على الانخراط مع الآخرين في غرفة تبديل الملابس.

كيف تطورت علاقتك مع كافاني ونيمار لكي تشكلوا معًا هذا الثلاثي؟

● لقد وجدنا سريعًا نوعًا من التكامل بيننا. إلا أن شيئًا لم يكن

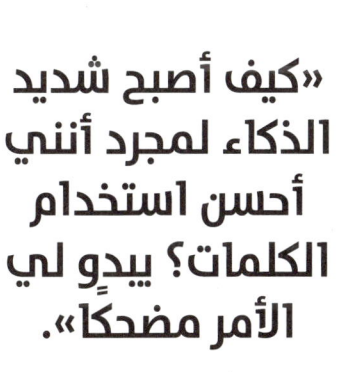

«كيف أصبح شديد الذكاء لمجرد أنني أحسن استخدام الكلمات؟ يبدو لي الأمر مضحكًا».

> «لديَّ خططي الصغيرة في رأسي. أحب مستقبلًا أن أدرب الفرق التي سبق أن لعبت فيها.»

محددًا مسبقًا. في بعض المباريات لعبت أكثر مع كافاني، وفي بعضها الآخر مع نيمار. إننا نشكل ثلاثيًا حقيقيًا مع تناغم يزداد شيئًا فشيئًا على أرض الملعب. وهنا تكمن قوتنا.

ماذا كنت تحب أن تفعل إن لم تدخل عالم كرة القدم كلاعب؟

● مدرب! فأنا لا أرى أبعد من كرة القدم. وبعد أن أختتم مسيرتي، أراني واثقًا من أنني سأنتهي على أحد المقاعد. أتخيل أن انتهاء مسيرتي بين ليلة وضحاها سيكون صعبًا وقاسيًا. ولأتفادى الأمر أحب لو أترك عالم كرة القدم على مراحل، فالموت سيكون أبطأ حينها. أملك مسبقًا مخططاتي الصغيرة في ذهني: أحب أن أبدأ التدريب في الفرق التي انتسبت لها سابقًا كموناكو أو باريس سان جرمان.

قبل الحديث عن هذا. أين تجد نفسك بعد عشر سنوات؟ وكيف؟

● في أفضل فريق في العالم. وإذا كان باريس سان جرمان هو هذا الفريق، فإنك ستجدني حتمًا فيه. ●

8 - كأس العالم
2018

«كنا نمتلك كل المقومات كي نذهب حتى النهاية»

بماذا وبمن كنت تفكر لحظة إطلاق صافرة النهاية بمواجهة كرواتيا؟

لم أفكر بأحد، وإنما بشيء واحد فقط: الكأس! أخيرًا سألمسها، سأمسكها، سأحملها. ولهذا الهدف تحديدًا عملت جاهدًا في السنوات الماضية. وعلى الرغم من أنني كنت قد هيأت نفسي لمثل هذه اللحظة إلا أن حماستي لأن أحمل الكأس بين يديَّ كانت كبيرة.

منذ متى؟

منذ البداية كنت مقتنعًا من أنني أملك كل المقومات للذهاب حتى النهاية. ولقد قلت ذلك قبل بدء المسابقة إلَّا أن البعض اعتبر الأمر بمثابة تكبُّر في حين كنت أراه مجرد ثقة بالنفس. ثم، كلما مضى وقت على بقائنا في المنافسة ازداد يقيني بما قلته، خصوصًا أننا كنا نصعد بقوة. أما قلب الفريق، فلقد كنا واثقين جدًّا من قوتنا؛ لأنك عندما تمضي أكثر من خمسين يومًا مع رفاقك لن يسعك إلا أن تتحلَّى بالثقة.

«للوصول إلى هذا الهدف، بذلنا كل الجهود. وعانينا كثيرًا خصوصًا خلال التحضيرات التي كانت قاسية جدًّا».

POLICE
edf

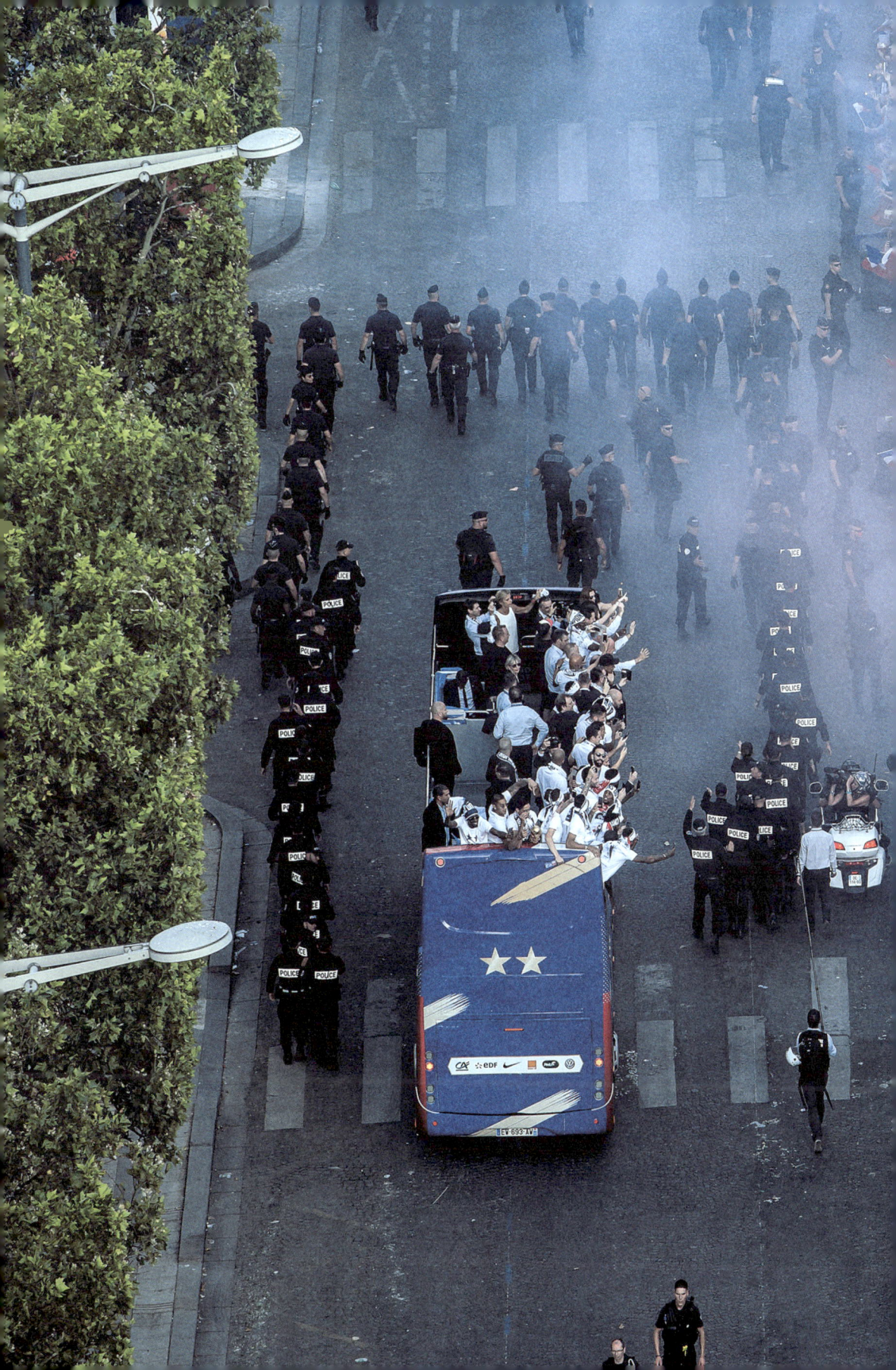

«أظنّ أن 70 % من اللاعبين يعتبرون أن الأمر قد انتهى بمجرد فوزهم بكأس العالم. أما أنا فلا؛ أرى في الفوز مجرد مسيرة قد بدأت للتو».

متى قلت في نفسك: «إن الفوز آتٍ لا محالة»؟

بعد مباراة الأرغواي كنت مقتنعًا بأننا ذاهبون إلى النهاية. طبعًا يجب القول إن الأرجنتين كان العامل الأساسي لصعودنا. إلا أن الرباعي ضد الأرغواي هو ما أظهر قوتنا لا سيَّما أننا هزمناهم بالتصدِّي لنقاط قوتهم: لقد كانوا حاذقين بعرقلة اللاعبين لا سيَّما جودان وسواريز وكافاني، لكننا كنا نسجل أهدافًا رغم العرقلات (فافان). إنه لفريق خطير أيضًا في تنفيذ الهجومات السريعة، وكنا نسجل أهدافًا أيضًا رغم الهجومات السريعة (غريزمان). إنَّ هزيمتنا لهم في نقاط قوتهم جعلتنا نقول: «حسنًا، سوف نعود إلى ديارنا حاملين الكأس!».

كشفت مجلة L'Équipe أنك شاركت في المنافسة خلال النصف نهائي والنهائي بشكل ضعيف. لماذا إخفاء الأمر؟

الأمر جزء من اللعبة. لم أرتعب عندما أصبت بفقرات ثلاث في عمودي الفقري ليلة المباراة ضد بلجيكا، وبفضل العمل الخارق للمعالج جان إين فانديفال استطعت أن أستعيد 70% من لياقتي، لقد كان الهدف الأساسي من هذا الفعل عدم تَنَبُّه خصومنا للأمر؛ لأنهم كانوا سيستفيدون منه لمهاجمتي في نقطة ضعفي. وبمساندة الفريق واللاعبين استطعنا إخفاء الموضوع، حتى خلال النهائي. لا ينبغي الاعتقاد أن ربح كأس العالم يأتي على طبق من فضة، ينبغي التيقظ للحظة تتحمل فيها الآلام، والمراوغة حين يلزم الأمر.

يقال إن هذا الجيل لا تشوهه العُقد النفسية وإنه يملك ذهنية أميركية، بمعنى أنَّ كل شيء يبدو له سهل المنال...

في البداية لم أجد أحدًا يتبنَّى هذا الطموح، أما أنا فلم أخشَ الإقرار به: أنا واثق أن الفريق سيربح. لم تكن مجرد كلمات تشجيعية بل هو ما كنت مقتنعًا به. لقد عانينا كثيرًا سيَّما في مرحلة التحضيرات والتي كانت قاسية جدًّا. وهو السبب وراء انكفائنا في المباريات الأولى.

تقول إن هذا التتويج كان محتومًا. ألهذا السبب لم يشاهدك أحد منفجرًا بالبكاء من السعادة على عشب ستاد لوجنيكي؟

لا يتعلق الأمر بالوقار، فلو رغبت بالبكاء لفعلت ذلك لأنني لا أخجل منه. أظنُّ أنني لم أستغرب الأمر كثيرًا لأنني كنت بانتظاره منذ أسابيع. لقد ختمنا مرحلة بدت طبيعية بالنسبة إليَّ، إن لم تكن متوقعة نوعًا ما. لقد كنت متحضرًا لها. لكنَّ ذلك لا ينفي أنني كنت فخورًا بالفوز وسعيدًا إلى أقصى حدٍّ.

في هذه الحالات يجب احترام الخصم أيضًا، لقد كان الكرواتيون على مقربة خمسة أمتار مني عندما كنت أتهيأ لحمل الكأس (أفضل لاعب في المنافسة) وهو ما منعني من الصراخ بأعلى صوتي.

على الرغم من كل شيء، بماذا فكرت لحظة إمساك هوغو لوريس بالكأس؟

«لا بأس، لقد فعلناها. أنت الآن بطل العالم». أعترف أنني قد وضعت نصب عيني كأس العالم التالية. فالمشاعر والأحاسيس كانت قوية جدًّا لدرجة تزيد عندك الرغبة باختبارها مرة أخرى وبأسرع وقت ممكن. سوف أعيش اللحظة مجددًا في الـ2022! إنها ليست ببعيدة! ما يروقني هو الربح... الربح. فكلما فزتَ ازدادت رغبتكَ بالفوز مجددًا. إنه لهوس يستحكم بك. لا أنوي مطلقًا أن أستريح على جوائزي. وأظنُّ أنَّ 70% من اللاعبين يعتبرون أن الأمر قد انتهى بمجرد فوزهم بكأس العالم. أما أنا فلا؛ لأنني أرى في الفوز مجرد مسيرة قد بدأت للتو.

ألا يتعلق الأمر أيضًا بالعمر؟

طبعًا. فلو عملت جاهدًا في حياتي ثم نلت هذا اللقب عند عمر الـ22 أو 33 لن يكون تفكيري مماثلًا. الأمر في مثل حالتي هو مجرد خطوة نحو تطوري. ولقد كان ضروريًّا أن أقوله كبشارة بعد أول إنجازاتي في دوري الأبطال مع موناكو، ثم بعد انتقالي ثم الآن خلال صعودي البارز.

كم من الوقت تتطلب العودة إلى أرض الواقع بعد أن تطلق صافرة الإنذار؟

لقد عدت إلى أرض الواقع سريعًا لأنني منذ البداية أدركت سبب قدومي إلى روسيا. أذكر أنني استعرضت بعد المباراة كل صور التضحيات التي حصلت منذ أن بدأت اللعب؛ حيث يعود بعضها إلى زمن غابر... أمَّا عن العودة إلى باريس فهو ما تطلب مني جهدًا كبيرًا لكي أدركه. في طريق العودة كان كل شيء مؤثرًا من الضجيج إلى الجماهير، وكنت أتأملهم وأقول: «من غير الممكن أن يكونوا قد حضروا لأجلنا!» عدا هذا المشهد لم يدهشني شيء، فأنا أتيت لأحظى بكأس العالم وهأنذا أعود بها.

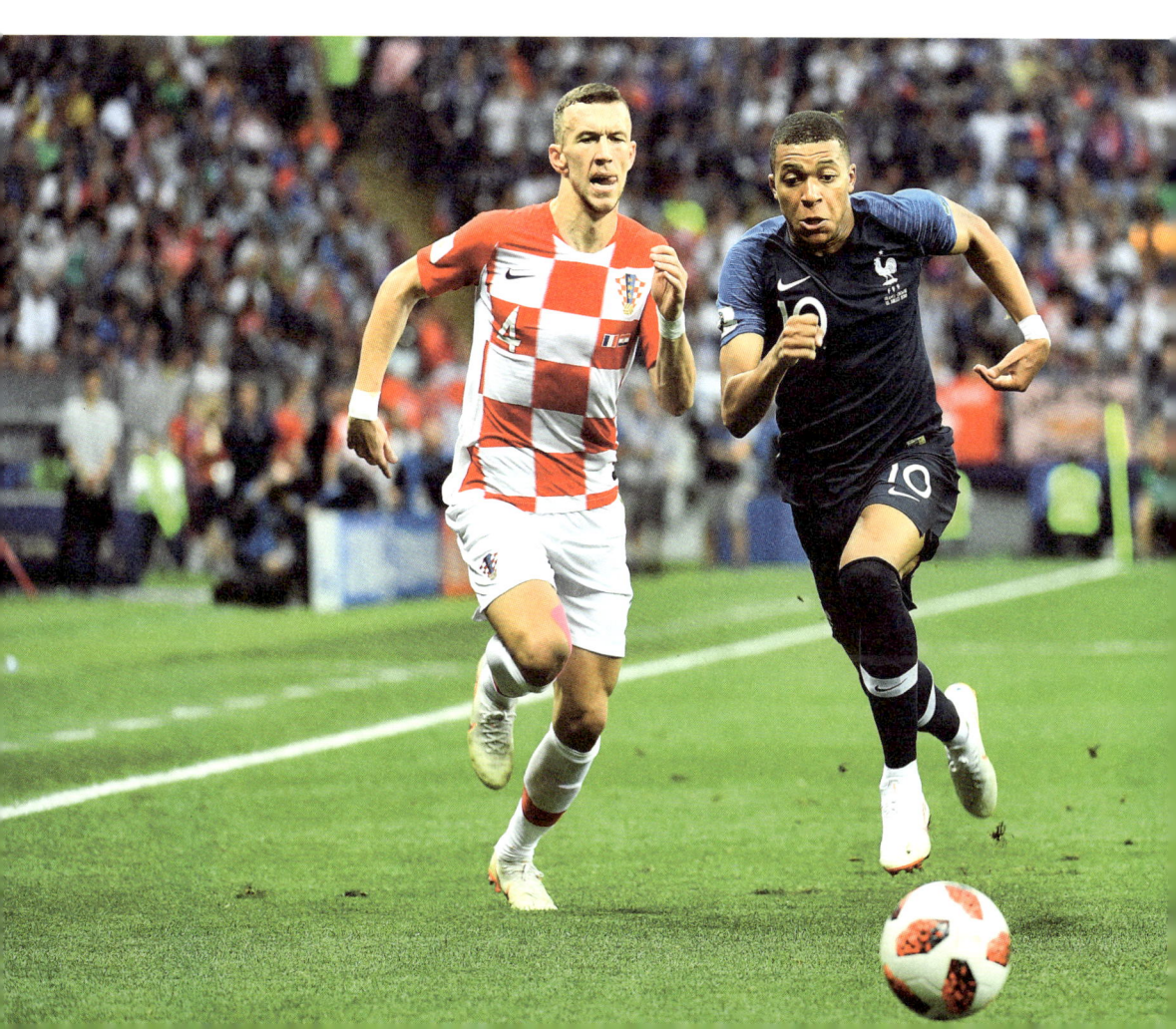

هل تعلم بأحضان من وقعتَ بعد إطلاق صافرة النهاية؟

يفكر لثوانٍ معدودة:

عثمان ديمبيلي؟

نعم، صحيح. إنه صديقي. يجمعنا نفس العمر ونفس الاهتمامات. لقدساندته في بداياته المُعَقَّدة في برشلونة. ولقد ساندني أيضًا عندما كنت في مرحلة صعبة في باريس. إن روابطَ قويةً تجمعنا.

ماذا تشبه غرفة تبديل ملابس أبطال كأس العالم؟

لا شيء حميمي فيها؛ لأن الرؤساء قد دخلوها سريعًا: بوتين، ماكرون، انفانتينيو... لقد أطلقنا صرخة الانتصار، التي ترافقت مع هتافات كثيرة. أما أنا فكنت أتأمل كل شيء بُغية الاحتفاظ باللحظة في ذاكرتي. فأنا لا أحب استعمال هاتفي لأبعث بالرسائل أو بالفيديوهات، إنها لمضيعة للوقت، ويجب الاستفادة من كل لحظة. نعم أستعمله لاحقًا بعد أن استحم وألبس ثيابي، في الباص وبهدوء.

ماذا قال لك إيمانويل ماكرون؟

لقد هنَّأني وأعرب عن رغبته بدوام الفوز للخمس عشرة سنة القادمة. على سبيل المزاح، نجح في القول إنه ينبغي عليَّ اللعب يومًا ما مع مارسيليا لكنني أجبته أن الأمر مستحيل!

ما الذي يجمع أو يعيد جمع فريق مكون من أطباع مختلفة جدًّا كطباع لوريس، كانتي، بوغبا أو مندي؟

الاحترام. إنه لفريق حقيقي تجمعه الروح العالية والذهنية الصافية. فالشباب قد حملوا معهم عنفوانهم لكنهم عرفوا أيضًا كيف يحافظون على مكانتهم. لقد كنا دائمًا نحترم الأكبر سنًّا منا لكل ما فعلوه قبل الاختيار. إن سبب سير الأمور على ما يرام منذ لحظة وصولنا يعود إلى سعي القدامى لاحتضاننا نحن الأصغر سنًّا منهم.

ألا تبدو الصورة المرسلة لفريق يعيش على أفضل ما يرام نوعًا من أنواع الدعاية؟

كلا، في الحقيقة لا. لم نفعلها مطلقًا لإخفاء المشاكل. فنحن نتفاهم حقًّا فيما بيننا. بعد خمسٍ وخمسين يومًا من اللعب، لو لم يجمعنا الوفاق لما أمضينا السهرة معًا بعد الاحتفال.

هل تعتقد أن مشاركتك بكأس العالم ستبدو مماثلة لو لم يكن رفاقك (ديمبيليه ومندي وتوفان) موجودين؟

على أرض الملعب، حتمًا. لأنني مبرمج على الفوز. لكن خارجها أنا واثق من أن الأمر لن يكون مماثلًا لأنني أمضيت وقتًا طويلًا معهم وكانوا سببًا في صرف تفكيري عندما كنا ننتظر المباريات. لقد كانوا رائعين حتى وإن كانوا قليلي المشاركة.

إن القول الذي نسمعه غالبًا بعد كل منافسة...

لن أكذب. اشتركت في أول منافسة لي وأقر بأنني كنت أرى ما يقال هباء: «إن الفريق مهم جدًّا».

كنت أظن أننا بحاجة لأربعة عشر لاعبًا فقط، وأن الآخرين كانوا هناك لمجرد الاستعراض. أما أن تعيش الحدث من الداخل فستغير نظرتك وستدرك أن الـ23 لاعبًا جميعهم مهمون، وأن تراخي لاعب واحد قد يقضي على الفريق. وفي حالتنا لم يتراخَ أحد. لقد حرص المدرب على جعل الجميع يشعرون بأنهم معنيون.

كآديل رامي؟

على الرغم من أن آديل رامي لم يلعب مطلقًا إلا أنه أحد العوامل المحركة للفريق. لا أذكر أنه قام بتمارين التحمية يومًا ما. على كل الأحوال، أنا مقتنع أنه أحد أهم عوامل المغامرة. ولو سألت الـ21 لاعبًا عنه لقالوا لك كلهم إن آديل كان يجيد ما يقوم به.

ماذا كان دوره خارج الملعب؟

كان يزرع الجو المرح ويفيد من خبرته. لقد كان وجوده نافعًا في فريق قليل الخبرة لا سيَّما أن الشبان كانوا يصغون إليه. لهذه الأسباب اندفعت مدافعًا عنه عندما أصابني عن غير قصد خلال أحد التدريبات. إلا أن حظه كان عاثرًا يومها، فلقد تسرب الموضوع للصحافة... ولقد تألمت كثيرًا عندما عرفت أن الانتقادات كانت تنهال عليه فهو لا يستحقها.

ألم يوجد أي عنصر موتور في قلب الفريق؟ أي خطأ في التدريب؟

على الأقل فيما يتعلق بي، لم ألحظ شيئًا من ذلك. فلقد شكَّل المدرب فريقًا رائعًا. إنه شخص شديد الذكاء قد درس كل تفصيلٍ يتعلق بالفريق. لقد كان يعلم من يُدْخِلُ الملعب ومن يُخْرِجُ منه، ومن يناوبه داخله وخارجه. إن تشكيلة الفريق كانت رائعةً لا تشوبها شائبة. إن وجود اللاعبين المميزين لا يكفي لربح جائزة. يوجد في كأس العالم مجموعات رائعة، لكن كم منها أصبحت أبطالًا للعالم؟ يلزمنا روح الفريق إن أردنا الذهاب للنهاية. وإلا ستقول في نفسك عند أقل فرصة: «ماذا يعني لي هذا؟ لست مجبرًا على التعب لأجله». أما عندما تربطك بالفريق روابط متينة ستقول في نفسك: «سوف أركض لأجلك». إن الأمر ليس معقدًا أبدًا.

»إن تراخي لاعب واحد قد يقضي على الفريق. وفي حالتنا لم يتراخ أحد. لقد حرص المدرب على جعل الجميع يشعرون بأنهم معنيون.«

«لا مشكلة عندي أن تتم مطاردتي لـ 90 دقيقة إن كان الأمر يريح بقية الفريق».

كنا نتمنى كل التوفيق لمنتخب بلادي

FIFA

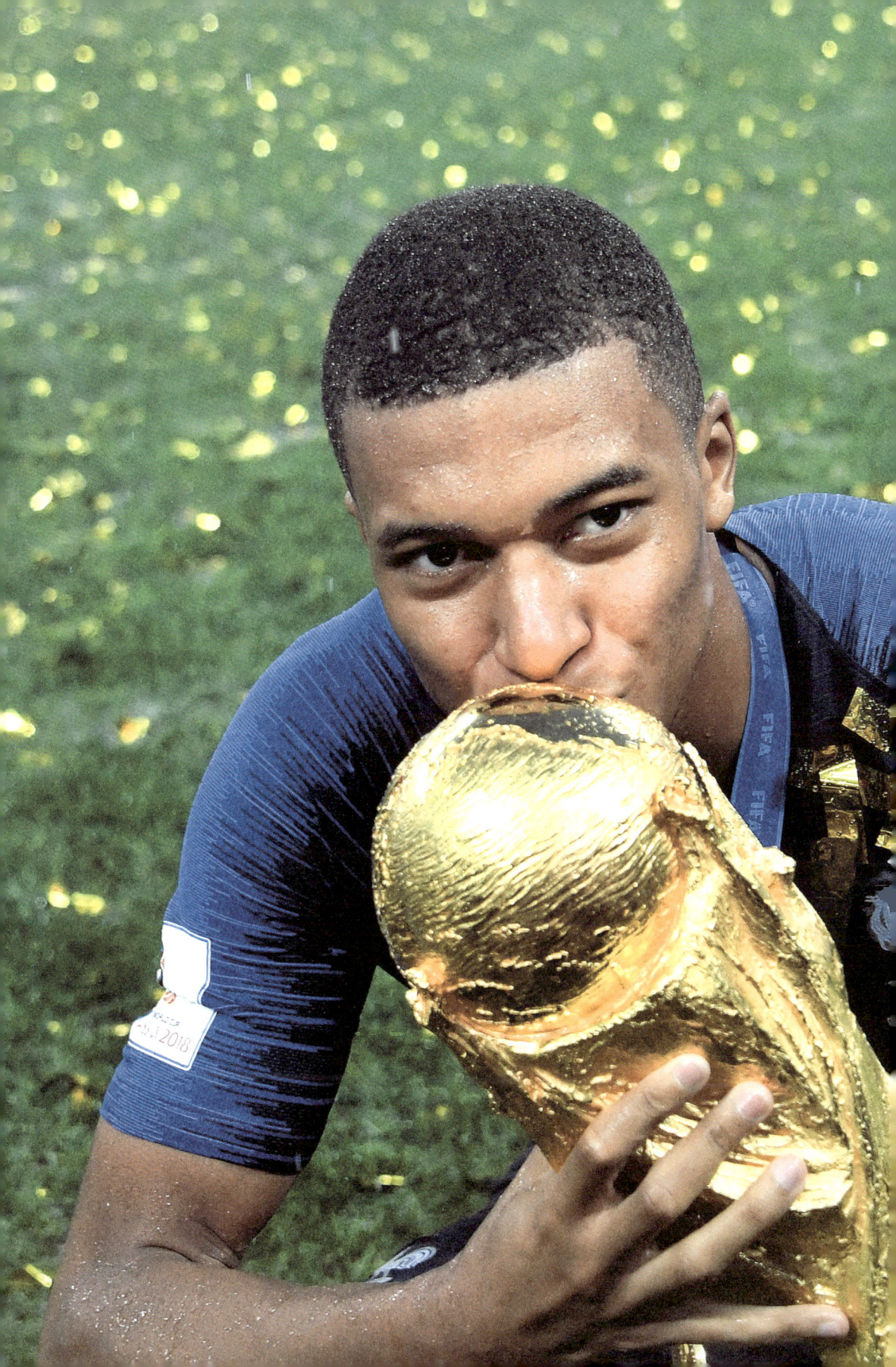

هل تعلمت شيئًا من ديدييه دوشان بعد أن أمضيت شهرين معه؟

لقد كان دائمًا فيما يتعلق بي نفس الشخص الذي التقيته في آذار (مارس) 2017 خلال المنافسة في روسيا. إن هذا المدرب يملك صورة باردة على عكس حقيقته. إنه ليس التقني الجامد، الرزين الذي لا ينبس ببنت شفة بل الشخص القريب من لاعبيه، كل لاعبيه. فهو لا يكتفي بمخاطبة رابحيه فقط، ويمضي وقتًا مع الثلاثة والعشرين لاعبًا. لقد أمضى خمسين دقيقة مع الجميع. ومع هوغو (لوريس) الذي شارك بست مباريات من أصل سبعة، كما مع آديل الذي لم يشارك بأي واحدة.

لقد كان دائمًا بجانبك في المباريات بحجة أن مقعده قريب منك...

(يضحك) نعم. لقد كنا جارَين طيلة المسابقة. وكنا على مقربة خمسة أمتار. وكنتُ ملتصقًا به وحظيتُ بقربه بكل المباريات. (يضحك) حتى في الجلسات (يقصد بها الفترة التي تلت مباراة فرنسا-أستراليا حيث استفادوا من جلسة كمال أجسام مع دوشان استمتع بها المهاجمون تحديدًا مبابي). إنه يعلم أنه يستطيع الاعتماد عليَّ وأنني شديد التحمل. كنت أعلم أن الأمر لصالح الفريق، وأنه لو اقتضت مصلحة الفريق أن أتحمل كل الضغط لما وجدت في الموضوع أي مشكلة.

هل آذتك الانتقادات في بداية المنافسة؟

كلا. لأنني كنت أدرك كيف سينتهي الأمر. أعلم أنني قد ارتكبت الأخطاء. ولكن بمجرد أن ركزت على الملعب حصرًا تغير الوضع. لم أقلق لأنني كنت مبرمجًا على الربح، وكنت أعلم أن مديحهم لي سيعود.

هل سيشكِّل لقبك الجديد أزمةَ قيادةٍ مع نيمار في باريس سان جرمان؟

أبدًا. لأن علاقتنا ترتكز على الاحترام والإعجاب المتبادل. قد يفاجأ البعض لهذا، لكنه بعث لي برسالة بعد كل مباراة وأنا أيضًا بعثت رسالة لذويه. لقد أخبرني أنه سعيد جدًا لأجلي، وأنا أصدقه فهو صديق جيد. أنا مقتنع أن شيئًا لن يتغير على صعيد تعاوننا وتعايشنا. الأمور واضحة فيما بيننا. ما يؤسفني فقط أن مخططاتنا لم تجرِ كما أردنا.

أي مخططات؟

لقد توقعنا أن نلتقي في النصف نهائي. لكن عدم تأهل البرازيل حال دون ذلك. ●

«إن وجود اللاعبين المميَّزين لا يكفي لكي تربح جائزة».

مَثَلُه كَمَثَلِ بيليه

قبل مبابي -اليافع جدًّا- لم يسجل أحد غير «الملك» هدفًا مزدوجًا في مرمى الأرجنتين. أما عن المقارنة، فهي لا تنتهي عند هذا الحد...

لقد وَلَدَ الجبلُ وَحْشًا مدفونًا تحت رفاقه عند الدقيقة الرابعة والعشرين، لم يعد كيليان مبابي قادرًا على التنفس في مثل حرارة كازان. مفعمًا بالمشاعر الجياشة، سجل المهاجم الموهوب هدفه الثالث، الأول في مباراة فرنسا-الأرجنتين (الفريق الأسطورة سابقًا) في قلب الجبال الروسية. على طول خط التماس ركض كل لاعبي الاحتياط نحوه مثل بلاز، بول، بنجامين، أوليفييه ثم لحقهم فلوريان وبنجامين الآخر ليكملوا تشكيل هرم السعادة. لكن سرعان ما خرج الفريق الأزرق من جنون العشرين دقيقة مع دخول هدف في شباكهم عند بداية الشوط الثاني، إلا أنهم سرعان ما عادلوا النتيجة عبر تسديدة من بافار. استأنف «كيكي» العرض مع ضربة جزاء افتتحت سجل غريزمان في الجزء الأول من المباراة ثم بهدف مزدوج بين الدقيقة الـ64 والـ68. تسديدات حُفرت في سجل كأس العالم للفريق الأزرق. أما عن المهاجم الباريسي فلقد أبدع في هذه المرحلة الاستثنائية.

الأمير الصغير و«الملك»

ينبع الاختلاف بين التاريخ والأنثروبولوجيا في المباريات الكبرى من المقارنة مع الأبطال الغابرين. إنهم يحفرون إنجازاتهم على الرخام فيشكلون من ثمَّ الأسطورة. بعد خفوت ضوء ميسي الذي يشارك في آخر مباراة له مع الأرجنتين في كأس العالم الواحد والعشرين، بزغ نابغة جديد في كرة القدم، إنه مبابي الذي سيخطف الأنظار لاحقًا.

من المعلوم أن الأرقام القياسية وُضعت ليقوم آخرون بكسرها. ولكن بالنظر إلى مبابي نجد أنه لن يلزمه الكثير من الوقت لذلك. لقد سبق أن أصبح أصغر هدَّاف فرنسي في كأس العالم، وبمنافسته لمنتخب البيرو عن عمر يناهز التسعة عشر عامًا وستة أشهر استطاع أن يحرك الإحصاءات العالمية. كل ذلك ولمَّا يتخطى المشاركة في أربع مباريات.

لقد لحق «الأمير الصغير» بـ«الملك» بيليه إلى العالم الرائع تحت أنظار مارادونا الذي شهد كيف أن نجم ميسي بدأ يخبو. فالأرقام التي قربته من أكبر لاعب في هذه اللعبة أطلقت المنافسة، كما حملت بالأعجوبة إلى مستقبل باهر.

(ك.م.) أصبح أصغر لاعب يسدد هدفًا مزدوجًا في كأس العالم منذ أن فعلها بيليه في العالم 1958 بمواجهة فرنسا.

إن «O Rei» المستقبلي أدى أداءً جيدًا مع أهدافه الثلاث في النصف نهائي ثم مع هدفه المزدوج في النهائي ليستقر على ستَّة إنجازات. إلا أن الطريق طويلة أمام الباريسي رغم تحقيقه ثلاثة أهداف سابقًا في الربع نهائي. وبالمقارنة مع بيليه نجد أن الأخير لم يسجل إلا هدفًا واحدًا قبل ستين عامًا في اللحظة نفسها، بمواجهة بلاد الغال؛ حيث لم يكن «الملك» قد ناهز الـ17 عامًا و8 أشهر. لقد ذاع صيته في كل أقطار الدنيا.

تكريم البرازيلي له

لم يلزم خلفه إلا خمسة عشر يومًا، جولة أولى وبداية خارجة عن المألوف ليبهر كل الكوكب الأرضي. لم تمضِ أربع ساعات ونصف الساعة بعد أفضل مباراة شارك بها حتى هنَّأه بيليه مغردًا عبر تويتر عند الساعة العاشرة و24 دقيقة مساءً: «مبارك لك كيليان مبابي، سيضعك الهدفان اللذان حققتهما في كأس العالم وأنت لا تزال فتيًّا موضعًا هامًّا. أتمنى لك الحظ الوافر في المباريات باستثناء المباراة ضد البرازيل».

سَيَتَصَدَّر الصحف لاحقًا في النصف نهائي بفضل مواجهته مع نيمار، زميله في الفريق، إلا أنه يتوجب عليه التخلص أيضًا من زميل آخر وهو أدنيسون كافاني (إن تعافى من إصابته في ربلة ساقه بعد تسديده لضربة مزدوجة بمواجهة البرتغال) ثم نيجني نوفوغورود أيضًا بمواجهة البرتغال نهار الجمعة. إن مبابي قد اكتفى بالإجابة على ثلاثة أسئلة للفيفا ليعبر عن

فرحه، كيف لا وهو المسمى للمرة الثانية «رجل المباراة» و«37» (كما أطلق عليه فلوريان توفان بسبب سرعته الملحوظة في ثمن النهائيات). لقد أبهر مجددًا بعد مباراة البيرو.

يقول لاعب الفريق الأزرق: «إنه لمن المبهر أن تقارن ببيليه. إلا أنه يجب وضع الأمور في نصابها؛ فبيليه ينتمي لفئة مختلفة. إنه لمن الجميل أن نحقق هدفًا في مباراة مماثلة. إلا أنني أعتقد أن هذا العالم مليء باللاعبين الجيدين كما أردد دائمًا. وكأس العالم يشكل فرصة لإظهار كل ما نعرف وكل ما نستطيع. فلا مكان أفضل منه».

«غريزو» يقدِّم الطاعة

لم يقدِّم غريزو صنوف الطاعة لكيكي بعد، إلا أنها حصلت ضمنيًا في أروقة ستاد كازان. يقول لاعب الرقم سبعة: «لقد أنهى مباراة عظيمة. نحن بحاجة لكيليان في هذا المستوى لنذهب إلى أقاصي طموحنا، وأظن أنه سيكمل على هذا المنوال فهو يملك القدرة والسرعة اللتين تسمحان له بالوصول إلى أهدافه. يبقى علينا في أن نؤمن له الكرات الجيدة».

انتقل إذن لاعب الوسط في تشكيلة الـ 4-2-3-1 إلى اليمين؛ حيث ارتأى دوشان مساندته خلال مباراتهم ضد الأرجنتين. لقد شاهدنا مبابي في وضع الدفاع أكثر من قبل عبر هذه التشكيلة ضد البيرو للحدِّ الذي لَجَّمَه في بعض الأحيان، ولكن على الرغم من هذا، أعطى التنظيم مساحة واسعة لكيليان بوجه الأرجنتين تمامًا كلحظة سباقه على طول الـ60 مترًا بسرعة 37 كلم/ الساعة الذي اختتم بضربة جزاء ناجحة.

يقول ديدييه دوشان: «في مباراة مهمة كتلك، أظهر كيليان كل موهبته وإمكاناته. حتى لو اضطره الأمر للدفاع أكثر لَمَا منعه ذلك من الهجوم، الهجوم بمهارة والتسديد أيضًا. اليوم نقارنه بالكثيرين إلا أنه يبقى ذا مهارات خاصة. إنه ليس البرازيلي رونالدو (بطل العالم 1998 عن عمر يناهز السابعة عشر عامًا لكن دون أن يلعب) فهو لا ينتمي إلى هذه الفئة. إنه بحاجة للمزيد من المساحة حتى وإن استطاع أن يشكل خطرًا على الأطراف، وذلك ما لا يشبه به رونالدو؛ لأن الأخير هو مهاجم من الأطراف قادر على إبهارنا بضرباته. أضف أن أداء كيليان أسرع منه، ولذلك سيتطور سريعًا حتى إن كان ما يقوم به حتى الآن مُرضيًا. لقد ولد في عام مميز (1998) وأنا فخور لكونه فرنسيًّا!».

كان كأس العالم له

إن استحقاق التقدم الباهر للفريق الأزرق يعود أيضًا إلى منظم التشكيلة. فديدييه دوشان قد أعد العُدة بتقنية احترافية وطوَّر لوازم الفاعلية لدى مبابي، وذلك ما أثبتته أهدافه التي حققها بقدميه اليمنى واليسرى بمواجهة الأرجنتين. وقد اقتضت الخطة أن يسمح له بالتنقل على طول الملعب وبتحضيره جيدًا لكأس العالم.

لقد أوصله المدرب الفرنسي إلى المكان الذي أوصل إليه تييري هنري في العام 1998، حيث كان قائدًا للفريق أي إلى الأعالي.

إن روح الفريق الفرنسي وعمله الجماعي ستدور حول الأعجوبة الصغير. فجيرو وغريزمان سيتمحوران حول مبابي ليشكلا مداره تمامًا كقاعدة إطلاق الصواريخ أو كقمر صناعي. إن الفتى الأعجوبة ذا الرقم 10 الأسطوري يملك كتفين عريضتين تتيحان له القدرة على التحمل وأداء دوره جيدًا وهو ما يزال في التاسعة عشرة من عمره، أي أصغر لاعب في المنتخب الفرنسي وقائد «الجيل الجديد». إن قوة شخصيته الواضحة ومظهره اليافع يميزانه عن غيره في عالم كرة القدم. فالباريسي يظهر كل استعداده حين تنكشف له التحديات. ولقد أثبت كيف يكون على قدر من الثقة حين منحه ليوناردو جارديم إيَّاها للمشاركة في دوري الأبطال في الشتاء ثم في الربيع من العام 2017 مع موناكو. ثم كرر الأمر حين اضطر أن يتحمل تكلفة انتقاله إلى باريس سان جرمان. فهو لم ينحنِ أمام الـ180 مليون يورو، المبلغ الذي جعله ثاني أغلى لاعب في العالم والأصغر سنًّا أيضًا.

اليوم، مع الهدف المزدوج الذي حققه في مرمى الأرجنتين في مونديوفيزيون، عرف الكوكب كله أن تبر الذهب هذا يستحق المبلغ الذي دفع لأجله بل ويستحق الأكثر للحد الذي جعل باريس سان جرمان يقول بأنه قام بأهم صفقة له.

لو كانت بنود العقود في فرنسا محررة من القيود لوصل سعره إلى المليار مثل كريستيانو رونالدو أو إلى الـ700 مليون يورو كحال ميسي، إلا أن منتخب فرنسا لا يبيع لاعبيه، فالكل يلعب لأجل بلده وهو ما لا يقدر بثمن. وهو ما يؤمن به مبابي جيدًا حتى بعد تحقيقه لسبعة أهداف و19 مشاركة.

لقد تجلى ميسي في صورة اللاعب الفرنسي بمواجهة الأرجنتين حاملًا الرقم 10. إن ابن الـ9-3 قفز حتمًا فوق توقعات كأس العالم.

« لم ينحن أمام الـ180 مليون يورو، المبلغ الذي جعله ثاني أغلى لاعب في العالم في وقت كان الأصغر سنًّا أيضا».

Fly

9 - تقنيته

لاعب الحدث

في فريق مثل باريس سان جرمان حيث المتطلبات تصل إلى الحد الأقصى؛ الضغط المستمر والفاعلية الدفاعية يتقاسمها الجميع، فإن الأرقام المسجلة لا يمكن أن تكون عديمة الجدوى.

لقد اعترف مبابي أمام ميكروفون الـ TF1 قائلًا: «لقد كان اللعب مختلفًا عندما كان ليونيل ميسي وكريستيانو رونالدو في مثل سني. في ذلك الوقت لم تكن الإحصاءات الفردية ذات أهمية مماثلة لما هي عليه اليوم. كان أسلوب اللعب هو الأهم. أما اليوم فالأمور تغيرت».

ثم يردف بروح الجماعة حيث حرص على التعبير: «إن زملائي في باريس سان جرمان وأولئك الذين يجلسون على مقاعد الاحتياط أتاحوا لي الوصول إلى هذا المستوى».

يبدو أن الرقم 7 في باريس سان جرمان قد طغى على كلِّ الخانات أو كاد أن يفعل. فهو يملك السرعة، الإنجاز، الذكاء، الموهبة، التقنية، الشجاعة، التكتيك الذكي، القوة الجسدية، بالإضافة إلى أسلوبه الذي قد يكون الأكثر جماعية في العالم. لقد أصبح اليوم لاعب اللحظة والمهاجم المقرر للعب، المُفَصَّل تمامًا على قياس المباريات الكبرى.

Fly Emirates
15
7

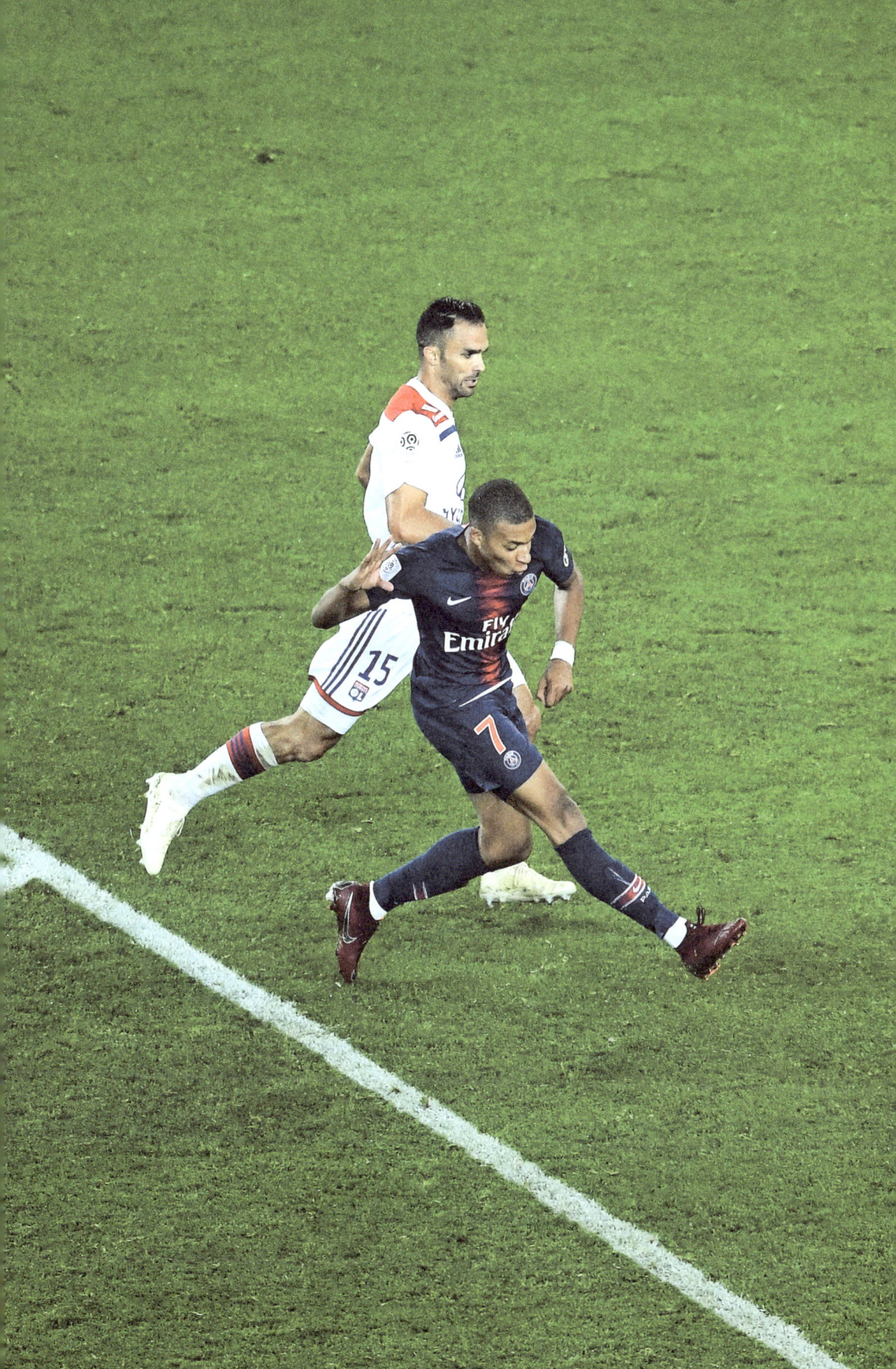

لاعب جماهيري

إن صورته كلاعبٍ مختلفٍ تكمن في طاقته التي تسيطر على كل المدرج وعلى الكرة أيضًا. سحره الذي تنبئ عنه ضرباته الثابتة، جريه وتنقلاته السريعة والحماس الذي يبثه في نفوس زملائه انكشف له الملعب أم لم ينكشف يجعل منه -حتى قبل كل هذا- لاعبًا جماهيريًا. لكنه أيضًا وبدون شكٍّ أقل إبداعًا مما عليه ليونيل ميسي ونيمار، وأقل اتقادًا وجماهيرية مما عليه زلاطان إبراهيموفيتش أو أقل مكرًا في المساحات الصغيرة مما كان عليه البرازيلي رونالدو. لكنه أيضًا متفجر، ديناميكي، متحرك، سريع، ذكي ومهيب عندما يكون في مواجهة مباشرة مع أحد اللاعبين مثل كريستيانو رونالدو في بداياته المتميزة بلياقة الرياضيين المحترفين والذهنية التخطيطية.

ما الغاية إذن؟ ليلهب المباريات ذات المستوى المتقدم، ليسرع اللعب ويعيد تسريعه حين تقتضي الحاجة، لمفاجأة الخصم، ليقدم دائمًا حلولًا مضادة، ليحرر الصعوبات، ليعدل دفة الشراع من الناحية التكتيكية أو السيكولوجية أو حتى بكل بساطة ليحقق الفوز مباشرة بعد أن يتوغل في العمق لمسافة ثلاثين مترًا. إن أسلوبه التقني كامل متكامل!

يقول كريستيانو رونالدو الذي تدرب على يد تييري هنري في التسعينيات في كليرفونتين، والذي شارك بأول مبارياته في موناكو: «إنه متيقظ دائمًا ويقترح عليك الحلول حتى قبل أن تتلقى الكرة، يستطيع تخطيك بمجرد أن تصله الكرة. فهو يملك اللياقة والاحترافية التقنية، بالإضافة إلى التنقل والعفوية. لقد أثبت منذ البداية أنه عامل مؤثر في الفريق». وهو ما قاله أيضًا إيدن هازارد خلال آخر كأس عالم: «إنه خليط من تييري هنري ورونالدو «الظاهرة».

إنه مزيج صارخ من اللياقة البدنية وقوة الاصطدام مما أتاح له الاستعراض وخطف شهرة نيمار مع باريس سان جرمان أو أنطوان غريزمان مع المنتخب الفرنسي».

لاعب فعَّال

منذ وصوله إلى باريس سان جرمان في صيف الـ2007، سجَّل إيدينسون كافاني أهدافًا توازي أهداف مبابي. ومنذ أن بدأ اللعب في منتخب فرنسا، بدا أنطوان غريزمان أكثر فاعلية منه في منطقة الهدف. لكنَّ ذلك لم يُثْنِه عن المُضي قُدمًا. فضحيته المفضلة اسمها «رين» وتأثيره في المباريات الكبرى لافت مسبقًا. تظهر هذا النقاط أحيانًا من خلال تمريرة، أو حرف مسار أو حتى إبطاء حركة. إلا أن نوعية تسديداته وعفويتها،

3 تمركزات من أجل الفوز

موناكو 2017

المدرب: جارديم

بطل فرنسا ونصف نهائي دوري الأبطال في 2017، تمركز في طرف تشكيلة الـ4-4-2 بجانب راداميل فالكاو بحسب قرار ليوناردو. ديو متكامل جدًا؛ حيث مهارات السرعة وتخطي الخصوم، الحركة والتواجد في عمق الملعب لأحدهما تتزاوج مع الخبرة والحس في تقدير المسافات، بالإضافة إلى القدرة على السيطرة الموجهة من الآخر.

فرنسا 2018

المدرب: دوشان

في كأس العالم جعله دوشان يلعب في منطقة الظهير الأيمن في تشكيلة الـ4-4-2، مع إعطائه حرية كبيرة في التصرف بالكرة (لقد شوهد غالبًا متوغلًا في وسط الملعب أو مغيرًا وجهته نحو اليسار)، بالإضافة إلى جهد ملحوظ في إعادة التموضع لإعادة تشكيل صفين من أربعة في حالة الخسارة. إلا أن هذه التشكيلة لم تمنعه من أن يختتم الموسم كأفضل هداف للفريق الأزرق متساويًا مع أنطوان غريزمان (أربعة أهداف لكل منهما).

باريس سان جرمان 2018

المدرب: توشال

مع توماس توشال، يتنوع الحماس غالبًا هذا الموسم خلال المباراة. لكن تشكيلة الـ4-2-3-1 ووجود مبابي في الظهير الأيمن جعلت الفريق أكثر توازنًا، وذلك بقدرته على الاستفادة منه ومن نيمار وإدينسون كافاني وأنجل دي ماريا بشكل متساوٍ. ماذا عن التعاقبات الأخرى التي قد يواجهها الفريق بدون الرباعي؟ سيتواجد مع نيمار وكافاني على يمين الـ4-3-3 وعلى الطرف مع كافاني في تشكيلة الـ3-4-1-2.

إضافة إلى لياقته أمام المرمى وحدْسه وجهده في الانطلاق، كلُّها أمور أتاحت له القدرة على استباق خصمه. أما عن هدوئه فقد أتاح له السيطرة خلال مواجهة حراس المرمى؛ مثل الذي حصل منذ أسبوعين بمواجهة ليون (5-صفر) في Park.

إن مجموع تسديداته في دوري الأبطال ومع منتخب فرنسا نحو 60%، وهو ما يشكل عاملًا آخر لتحديد دقته واحترافيته في لعبة «تشريحية شديدة الصعوبة»، كما وصفها غي ستيفان مساعد ديدييه دوشان في حديثه عن لعب المنتخب الفرنسي في روسيا.

في الثامنة عشرة من عمره، سجَّل هدفًا في مرمى جيجي بوفون خلال النصف نهائي من دوري الأبطال، ثم في عمر التاسعة عشرة نجح بفعل ما قام به بيليه عندما كان في مثل سنه: تسجيل هدف في نهائيات كأس العالم.

ماذا عن ثقته؟ إن كل من درَّبه أو رافقه على أرض الملعب -زملاؤه وخصومه- كانوا مبهورين بإصراره، بل قال جميعهم العبارة نفسها: «إن كيليان لا يتردد أبدًا». وهو ما ردده أيضًا المستشارون الذين يتابعون ويحللون مبارياته مع باريس سان جرمان، نذكر منهم أريك كاريار الذي صرح لـ+Canal: «إنه مثل نيمار، لاعبان شديدا الإصرار حيث فقدان الكرة لا يشكل لهما مشكلة قطُّ».

في الحقيقة، إن الخسارة لا تثبط من عزيمته، وحُب مبابي لتسديد الكرة يكمن في أنها الحل الأكثر فاعلية لتخطي اللاعبين، والقرار الأصوب حين يكون في وضع معين أثناء لحظات معينة من المباراة.

بعد ثمن نهائيات كأس العالم ضد الأرجنتين (3-4)، أشار بيغسينتيه ليزارازو إلى L'Équipe: «قد يموضعك على مقربة خمسة أمتار بمساندات قصيرة وقد يفرض عليك أن تزيد سرعتك حين تبعد عنه خمسين مترًا».

على صعيد أوروبا

أهدافه الاثني عشر في دوري الأبطال

متى يسجل؟ **كيف يسجل؟**

مع موناكو
1 مانشستر- موناكو (5-3) ثمن الذهاب
2 موناكو- مانشستر (3-1) ثمن الإياب
3 و4 دورتموند- موناكو (2-3) ربع الذهاب
5 موناكو- دورتموند (3-1) ربع الإياب
6 يوفنتوس- موناكو (2-1) نصف الإياب

أرقامه في فئة الـ C1

50 تسديدةً. لكنه لم يصل لمستوى كريستيانو رونالدو (84 تسديدةً في الموسم السابق مع ريال خلال 13 مباراةً في C1) إلا أن معدل تسديداته في المباراة الواحدة تتخطى 3 تسديدات عندما يبدأ. أما عن سجله؟ في الثالث من أكتوبر الماضي ضد «النجم الأحمر» سجَّل 7 تسديدات.

%56 **من التسديدات الموجهة،** عندما يسجل مهاجم أكثر من ضربة من أصل اثنتين في هذا المستوى نستطيع أن نتكلم عن الدقة أمام المرمى. وإذ استثنينا مباراته الأخيرة ضد «النجم الأحمر» (3 ضربات من أصل 6) فإن معدله يكون 65% أي معدلًا استثنائيًّا.

الجدول: لائحة العشرة الأوائل في دوري الأبطال

	الأهداف	معدل الأهداف في المباراة الواحد	في تصنيف المجموعات	في مباريات الاستبعاد الفوري
1 **كريستيانو رونالدو** (مانشستر يونايتد، ريال مدريد، يوفنتوس)	120	0.78	60	60
2 **ميسي** (برشلونة)	105	0.83	65	40
3 **راؤول** (ريال مدريد، شالكه 04)	71	0.50	53	18
4 **بنزيما** (ريال مدريد)	56	0.53	40	16
5 **فان نستلروي** (آيندهوفن، مانشستر يونايتد، ريال مدريد).	56	0.77	50	6
6 **هنري** (موناكو، أرسنال، برشلونة).	50	0.45	38	12
7 **إبراهيموفتش** (أجاكش، يوفنتوس، إنتر ميلان، برشلونة، أ.س. ميلان، باريس سان جرمان، مان يونايتد).	48	0.40	38	10
8 **ف. إينزاغي** (يوفنتوس، أ.س. ميلان).	46	0.57	30	16
9 **لواندووسكي** (بوروسيا دورتموند، بايرن ميونخ).	46	0.62	27	19
10 **دروغبا** (مارسيليا، غالاتاسراي، ميونخ).	44	0.48	30	14

*منذ العام *1992-1993*، باستثناء سحب القرعة.

إن مسيرة كيليان مبابي ما زالت في بدايتها، إلا أن معدل أهدافه يبدو أكثر من واعد (0.75، إذا لم نأخذ بعين الاعتبار مباراته الثلاث الأولى مع موناكو؛ حيث شارك كلاعب احتياط فلم يلعب إلا لمدة 25 دقيقة). أما بالنسبة للمدة، فنذكر أن أرقام ميسي وكريستيانو رونادو عظيمة جدًّا، أما إحصائيات رود فان نستلروي فتبدو مقبولة أيضًا، لكنه بات من الواضح جدًّا أنه قد يتخطى يومًا كريم بنزيما وتييري هنري، أفضل هدافَين فرنسيَّين في تاريخ دوري الأبطال. خلا ذلك فإن المنافسة لا تقدم الكثير من الأمور بالمقارنة مع كأس العالم، بل علينا أن نبتعد عن المقارنة مع أرقام الهدافين الكبار السابقين؛ مثل ألفريد دو ستيفانو (49 هدفًا في 58 مباراة) أو أوسوبلو (47 هدفًا في 63 مباراة) أو جير مولر (35 هدفًا في 35 مباراة).

41 لمسة كرة خلال المباراة. بالنسبة لمهاجم فإن كمية لعبه ملحوظة. إن إحصاءاته تبين بكل الحالات أنه منشر كل الوقت في الملعب وسهل المنال لزملائه خلال اللعب، سواء أكان من خلال نداءاته لهم أم من خلال تنقلاته. في فريق باريس سان جرمان، بدا فعَّالًا في تملك الكرة وفي تمريرها على السواء.

%19.2 **من الكرات الملموسة تقع في منطقة الخصم.** لعله الرقم الأكثر جذبًا سيَّما مع المساحة القليلة المتوفرة في أول خمسة أمتار من منطقة الخصم في بعض المباريات. في كل الظروف يعلن مبابي عن نهمه للأهداف وحدسه للوصول إلى المكان الصحيح في الوقت الصحيح في منطقة الخصم.

opta

لاعب ذكي

حركته الأولى بمجرد أن يتلقى الكرة هي رفع رأسه، النظر إلى الملعب، لَحْظ كل معلومة ثم تحليل الموقف وختامًا اتخاذ القرار. إلا إن لم يلحظه أحد من قبل يستبق الأمور ويتوجه نحو المرمى ثم يقرر الحل بشكل فردي.

إن ذكاءه الذي يبرز بقوة في المباريات الكبرى؛ حيث وقت التفكير والمسافات يقل دائمًا، يكمن في قدرته على التكيف تارة مع مستجدات اللعب، وتارة مع الظروف حيث يتوجب عليه التطور، وتارة أخرى بالتنسيق مع المهاجمين الآخرين. باختصار، هو لا يلعب في تشكيلة 4-4-2 مع أنطوان غريزمان وأوليفييه جيرة في منتخب فرنسا بالطريقة نفسها مع نيمار، إيدنسون كافاني وأنجيل دي ماريا في تشكيلة الـ4-2-3-1 مع باريس سان جرمان.

منطقيًّا، هو لا يقوم في الحالتين بالنداءات ذاتها، أو السباقات ذاتها، أو حتى التمريرات ذاتها في اللحظات نفسها. إن التكيف المتواصل هو سيد الموقف. يلحظ كرسيتيانو رونالدو قائلًا: «عندما يصل إلى المرمى يُكْمِل التصرف كما لو أنه ما زال داخل المسار مما يجعل اعتراضه من قبل الدفاع صعبًا».

يذكرنا مبابي أيضًا بدافيد تريزيغيه لكونه لاعبًا موهوبًا في مجاله، متميزًا بحدس لافت في منطقة الجزاء، بقدرة على التموضع، بحاسته التي تقوده إلى التواجد في المسافات الفاصلة أو إلى تحقيق نداء-ضد-نداء معين في المناطق الصغيرة (انظر هدفه الثاني في مرمى الأولمبيك الليوني)، بالإضافة إلى سرعته في التفكير (أي حركة ينبغي فعلها أمام الحارس؟ ما هي المسافة التي ينبغي توخيها؟ ما هي الخطوات الجانبية التي ينبغي اعتمادها؟).

ما هي مظاهر الذكاء الأخرى في لعبه؟ استثارة أخطاء خصومه، على سبيل المثل، استعمال سرعته للحصول على ضربة جزاء في اللحظات الفاصلة سيَّما في بدايات المباراة عندما تكون النتيجة صفر-صفر. ونذكر في هذا الخصوص مباراته ضد الأرجنتين في ثمن نهائيات كأس العالم هذا الصيف في روسيا أو حتى في دوري الأبطال مؤخرًا ضد ليون.

لا يبدو الدفاع عن جانب واحد، التنقل، الضغط عند فقدان الكرة أو حتى المشاركة في العمل الجماعي لاسترجاعها الطبق المفضل لمهاجم مثله.

وحتى لو لزم الأمر أن يتدخل هوغو لوريس أو عناصر أخرى لدعم رأي ديدييه دوشان فإن كأس العالم قد أثبت التالي: «إنه قادر على أن يعاكس طبعه ويقوم بالجهد المطلوب حين تقتضي مصلحة الفريق ذلك، وذلك بهدف الحفاظ على متانته

وضمان توازنه».

نذكر ما حصل في باريس اليوم؛ حيث لم يحظَ بطل فرنسا بالكرة لوقت طويل بل كان يتوجب عليه أن يلعب بوتيرة أقل ليتكيف مع خصمه.

اعترف توماس توشال عشية المباراة ضد ليون: «لقد كان مستعدًا للعمل جاهدًا من أجل الفريق وللتضحية وللدفاع عنه. ولذلك حصل على مكافأته بتسجيل أربعة أهداف رائعة».

«لاعب يميل إلى التوغل والتحكم بالمكان دون أنانية، بحيث يظهر كرمه أثناء اللعب في تواصله المتكرر مع اللاعبين وفي تنوع إيقاعه أثناء الركض».

فيما يتعلق باللاعب يميل إلى التحكم بالمكان والتوغل في العمق، يَظْهَر كرمه أثناء اللعب في تواصله المتكرر مع اللاعبين وفي تنوع سرعة جريه. ففي إحدى المباريات ابتلع مبابي الملعب بسرعة 8 إلى 9 كيلومترات، وحقق 30 سباقًا قصيرًا، وخلصت تقارير الإحصاءات في روسيا الصيف الماضي إلى القول إنه قادر أيضًا على أن يركض 300 أو 400 مترٍ بسرعة قصوى (أكثر من 25 كلم في الساعة) أي ضعف المعدل الطبيعي لزملائه. لعل قوته هذه تشكِّل دلالة على نضجه مما يعني احتفاظه بما يكفي من الوضوح والمهارة التقنية بعد غاراته الطويلة التي يتوخى عبرها إظهار أدائه الجيد للإبقاء على فاعليته أمام المرمى.

بمجرد أن يثبت مبابي في منطقة الهجوم، مع الفريق أو أثناء التدريب، سيحين الوقت لملاحظة كيفية تكييفه للعبه وتملكه المكان، بالإضافة إلى سيطرته على جهوده بشكل مختلف. لعلنا حتى اللحظة لم نشهد بعد على مهاراته الحقيقية...

MBAPPE
7
RODIĆ
23

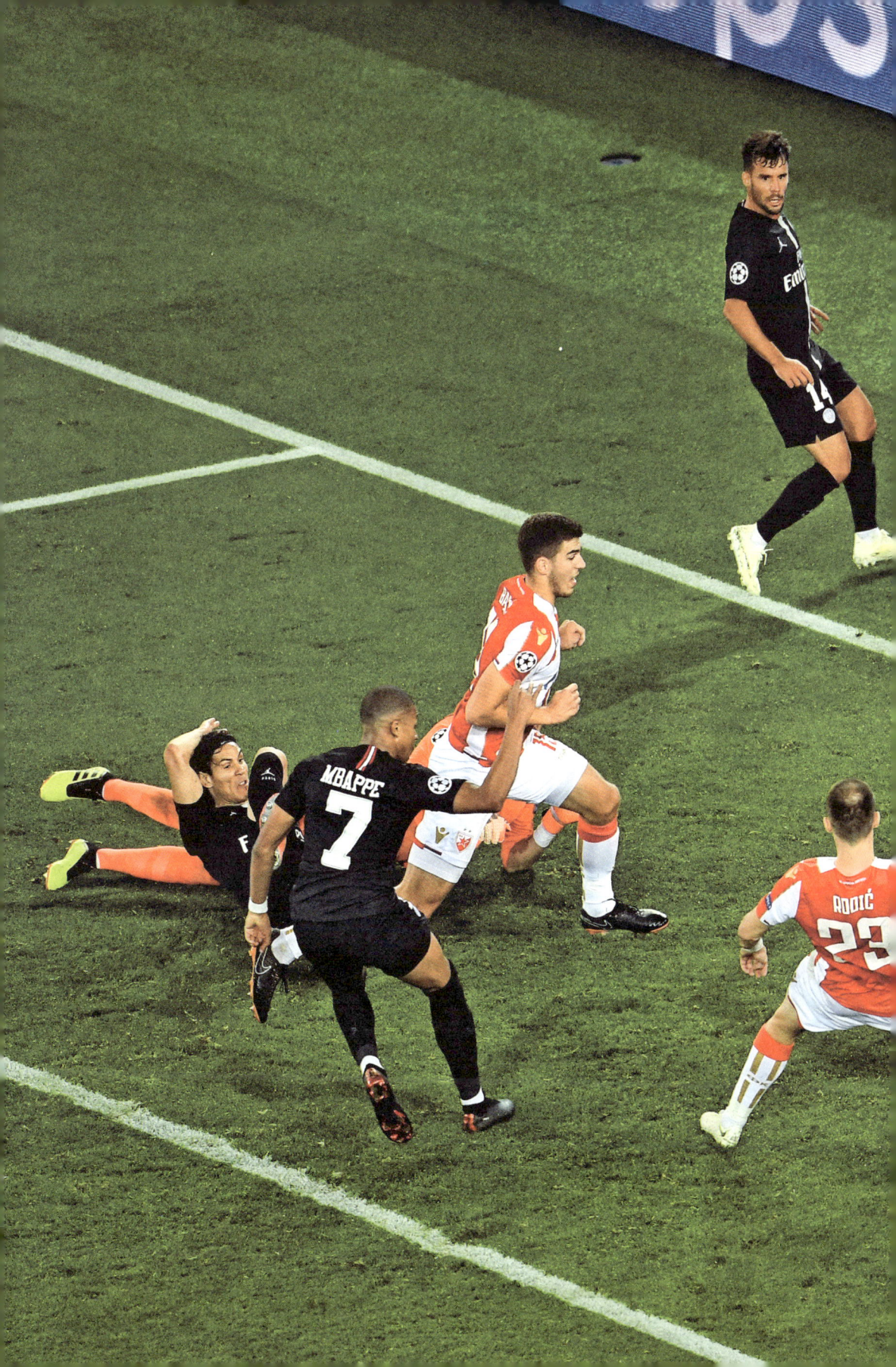

10 - الرقم واحد في فرنسا وكأس الكوبا 2019-2018

أمل العالم الأفضل

ينبغي علينا دائمًا تجاهل الإجماع في الرأي إلا في حالة جذبه للناس المتبنين له. أن تجعل أكاديمية الكرة الذهبية من كيليان مبابي أول رابح لجائزة كوبا وهي المكونة من الفائزين بأكثر الجوائز الفردية مهابة في كوكب كرة القدم ليس أمرًا عاديًا. لم ينسَ فرد واحد من المصوتين الـ22 من العميد لويس سواريز إلى كريستيانو رونالدو، إيراد اسمه على رأس اللائحة كفعل لا يمكن أن يكون أكثر رمزية مما هو عليه.

إن هذا الإعلان هو بمثابة تنصيب لفتى فرنسا، طريقة للتعاون وخطوة على السلم القصير. تجدر الإشارة إلى أن كيليان مبابي تقدم على فاران بـ15 نقطة وعلى أنطوان غريزمان بـ17 نقطة على مسرح اللاعب الفرنسي في العام 2017، والذي تكوَّن من تصويت الأعداد الأولى لفرانس فوتبول منذ العام 1963 تخليدًا من ذويه على الساحة العالمية، تخليد يعيد إلى الذاكرة من سبقوه.

KYLIAN
MBAPPÉ
france
football

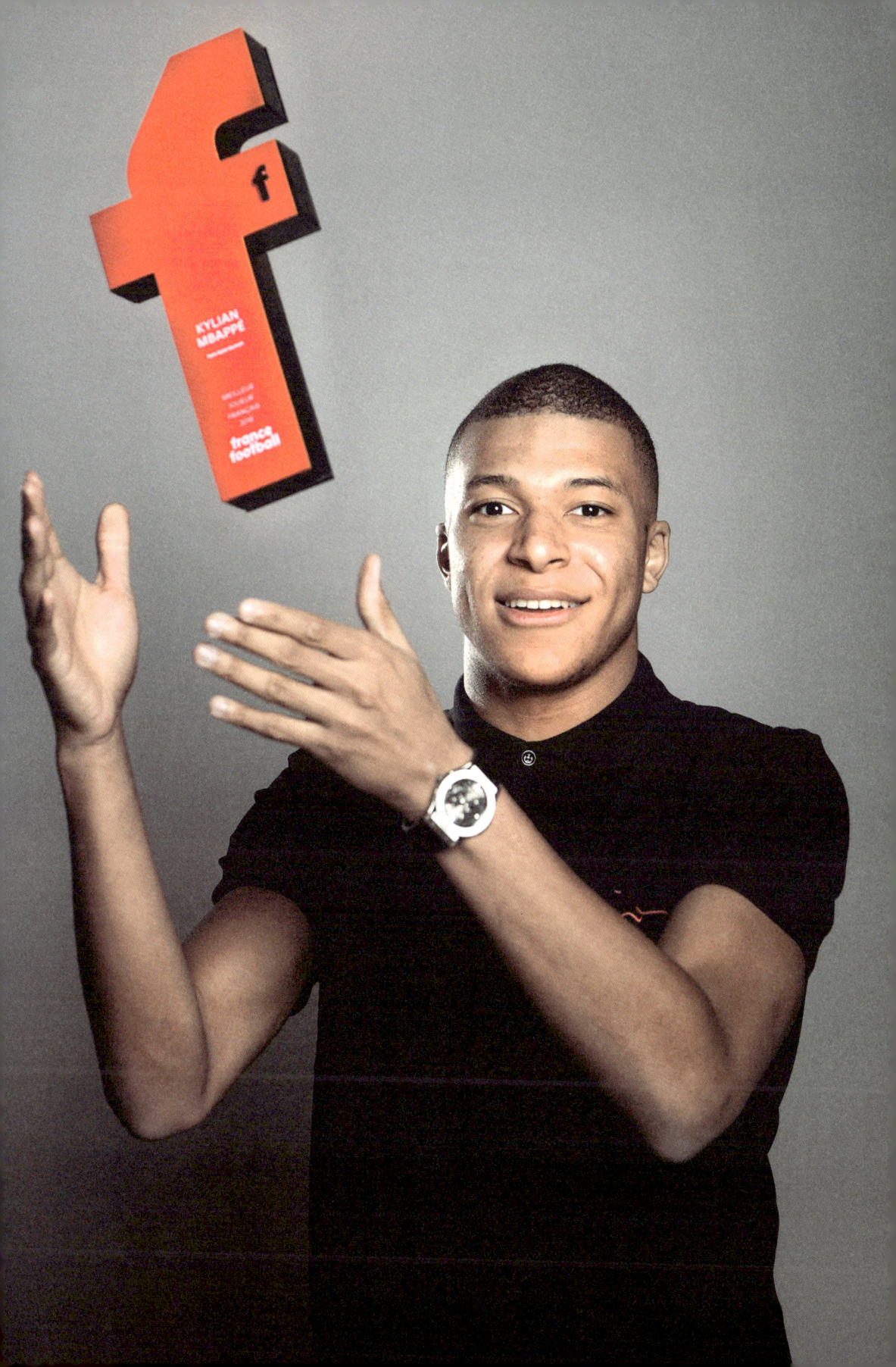

باختصار

20 عامًا/ 178 سنتيمترًا، 78 كلغ

مهاجم.

فريق: باريس سان جرمان.

30 مشاركة، 12 هدفًا.

جائزة بطل العالم (2018).

بطل فرنسا (2017 مع موناكو، 2018-2019 مع باريس سان جرمان).

رابح لكأس فرنسا (2018).

رابح لكأس دوري الأبطال (2018).

إن لم يحصل بعدُ على نسخة الجائزة الذهبية أو لم يقتحم فئة العمالقة حتى الآن، فإن مبابي سيسير على هذا الطريق ونحو هذا المصير حتمًا. ما قصده نوابغ الماضي والحاضر في قولهم هو أن المستقبل سيتحدَّث باسم مبابي وعليهم البدء بالتحضير لاستقباله.

يقول الإيطالي باولو روسي المنتخب في العام 1982 والمدرك لسطوة الباريسي مثله مثل زملائه الـ22: «إن هذه الجائزة تلفت النظر إلى أعظم لاعبي المستقبل. أما بعضهم فقد استبق الأمور وظهر منذ اليوم كلاعب لا يهزم مثل كيليان مبابي الذي أرشحه للمرتبة الأولى». كثيرون لم يرغبوا بالتعبير عن آرائهم إذ قالوا: «لا نتابع لاعبي اليوم كثيرًا». لكنهم على الرغم من ذلك قالوا إنهم لم يعرفوا ولن يعرفوا غير اسم الفتى الباريسي، نذكر منهم دانوا آلان سيمنسون (رابح في الـ1977) أو الألماني ماتياس سامر (متوج بالـ1996).

منتخب بأكثر من 100% من الأصوات

منتخب بدون غش، بأغلبية ساحقة من الأصوات لم يشهد لها نظير حتى في الأنظمة الأكثر فسادًا، فرض مبابي موهبته على المنافسة بقوة. أما عن الأميركي كريستيان بوليزيك فلقد وقَّع عقودًا مع دورتموند بالشكل الكافي ليطبع عبقريته كمهاجم في ذاكرة الكرة الذهبية السابقة، لكن ليس بالشكل الكافي لينافس الفائز بفارق 70 نقطة أبعدته حتى عن المركز الثالث الذي ناله جوستان كليفر ابن المرشح السابق للكرة الذهبية. عن الأخير لم يُخْفِ أندري شفشنكو الفائز بالـ2004 مشاعرَه المتحكمة بخياره قائلًا: «سأرشحه للمركز الثالث فهو ابن باتريك!». كيف لا وهو زميله السابق في فريق ميلان. إلا أن مركز النيرلندي على المسرح لم يُخِفْ أي زمالة: إن العمداء الأربعة للأكاديمية السادة سواريز، لاو، شارلتون وريفيرا والذين شكلوا مع والد الصبي عائلة واحد في الملعب منذ زمن، صوتوا جميعهم بالرفض كضرورة تضمن إبعاد خطر لاعب غير معروف في القارة الأوروبية، أي اللاعب الشاب رودريغو الذي سيزرع في الحقل لاعبين ويبث شعاعًا بعد أن أعاده ريال مدريد لوطنه، وذلك بعد أن اشتراه بثروة تقدر بـ45 مليون يورو. فاز بالمرتبة الرابعة ولما يبلغ الثامنة عشرة، يبدو اللاعب البرازيلي واعدًا في عالم كرة القدم العالمي تمامًا مثل المرشحين التسعة الآخرين الذين لم تتم تسميتهم بقدر ملاحظتهم، مثلما صرح لوثار ماتاوس الفائز عن العام 1990. إن جائزة كوبا تستحق أن تغير وجهتها؛ لأنها تتيح الدعاية المنطقية للشباب العشر على لائحة الأوائل العشر ممن ينتظرهم مستقبل واعد كما ينبغي لهم اعتباره.

لم يحصل الأول بينهم على أي من هذه الجوائز إلا أنه في هذه اللحظة دخل للتو في أسطورة كرة القدم، أسطورة السباقين. ولعلها عادته. فمع عرَّابين من هذا الصنف وهيبة تنبثق من اختيارهم الجماعي له، لن يستطيع كيليان مبابي أن يحلم بأفضل من هذه الصحبة لحظة بدئه عامه العشرين. ولعله ليس واثقًا من أنه سيطفئ الكثير من الشموع قبل أن يلتحق بأكاديمية كرة القدم الأكثر شهرة والتي بدأت تعتبره فردًا منها.

توزيع - جائزة كوبا

1- كيليان مبابي (فرنسا، باريس سان جرمان)	110 نقطة
2- كريستيلن بوليزيك (الولايات المتحدة الأميركية، بروسيا دوتموند)	31 نقطة
3- جوستان كليفرت (هولندا، أجاكس أمستردام، أ.س. روما)	18 نقطة.
4- رودريغو (البرازيل، سانتوس) وجيالويجي دوناروما (إيطاليا، أ.س. ميلان)	12 نقطة.
6- ترينت ألكسندر أرنولد (بريطانيا، ليفربول)	6 نقاط
7- باتريك كيترون (إيطاليا، أ.س. ميلان)	5 نقاط.
8- هوسام أوار (فرنسا، ليون)	4 نقاط.
9- ريتسو دوان (اليابان، أف.سي. غرونانغ)	صفر نقطة.
10- أمادو حيدرة (مالي، سالزبورغ)	لا نقاط.

توزيع الرقم واحد في فرنسا 2018

1- كيليان مبابي (باريس سان جرمان) 124 نقطة.

2- رافاييل فاران (ريال مدريد)، 109 نقاط.

3- أنطوان غريزمان (أتلتيكو مدريد)، 107 نقاط.

4- نغولو كانتي (تشيلسي)، 56 نقطة.

5- هوغو لوريس (توتنهام)، 15 نقطة.

6- بول بوغبا (مانشستر يونايتد)، 14 نقطة.

7- هوسام أوار (ليون)، 7 نقاط.

نبيل فيكير (ليون)، 7 نقاط.

لوكاس هرنانديز (أتليتيكو مدريد)، 7 نقاط.

بلاز ماتويدي (يوفنتوس توران)، 7 نقاط.

11- ساموبل أومتيتي (أف.سي. برشلونة)، 5 نقاط.

12- كريم بنزيما (ريال مدريد)، 3 نقاط.

13- أوليفييه جيرو (تشيلسي)، نقطة واحدة.

فلوريان توفان (مارسيليا)، نقطة واحدة.

تانغي ندومبيلي (ليون)، نقطة واحدة.

11 - قاموسه الخاص

أرجنتين:

«إن كان عليَّ أن أتذكر مباراة واحدة في العام 2018، سأتذكر المباراة ضد الأرجنتين (4-3) التي أتاحت لنا جميعًا الفوز بكأس العالم. إلا أننا لم نكن نستطيع الغوص في شعور النشوة حينها، إذ لم تكن الطريق قد انتهت. لقد كان هذا اللقاء تحديدًا السبب في ظهوري للعالم، وذلك يعود لنشاطي على وجه الخصوص. في ذلك الحين كنت واثقًا من قدراتي فلقد توغلت حينها، ثم اقتربت من المرمى، ثم قلتُ في نفسي إنه ينبغي عليَّ فعل أمرٍ ما، ثم تمت عرقلتي، وقعت وحُكِمَ بضربة جزاء...».

الكرة الذهبية:

«إنها السنة الثانية على التوالي التي يرد فيها اسمي على لائحة المرشحين. إحاطة كل اللاعبين الذين أهواهم بي تُوقد لديَّ دائمًا نفس الشعور بالفرح ونفس الفخر. بعد فوزي بالمرتبة السابعة في العام 2017، شكل فوزي بالرابعة لهذا العام خَيبة أمل بسيطة لي. لقد خاب أمل الجزء التنافسي مني إلا أن اللاعب الواقعي الذي كُنْتُه أدرك جيدًا أن الجائزة ذهبت لمن يستحقها. أن تفوز بكأس دوري الأبطال ثلاث مرات متتالية أمر تنحني له القبعات، إذ لا شيء محتوم حين يتعلق الأمر بالفوز، حتى وإن كنت لاعبًا في فريق الريال. أضف إلى أن كرواتيا قد تأهلت للنهائيات علمًا أن أحدًا لم يكن يتوقع هذا الأمر في بداية المنافسة. أما فيما يتعلق بي فيبدو الموضوع مؤجلًا وسأحرزه يومًا ما، لكنني لا أعرف متى لأنني لا أستقرئ المستقبل».

كأس دوري الأبطال:

«خيبتي في العام 2018 المرتبطة بدون شكٍّ بالكرة الذهبية. إن عدم الاكتفاء بثمن النهائي، تقدم فريق باريس سان جرمان الواضح وعدم قدرتنا على فعل المزيد كان سيقودنا حتمًا للندم. وبما أنها كانت الحال في الموسم السابق وجب أن أكون أكثر ثباتًا وحضورًا في هذه المنافسة. لقد خضتُ الكثير من المباريات، أُدركُ هذا، وعليَّ الاستفادة منها لتطوري».

جيجي بوفون:

«الأسطورة المطلقة. هو واحد من اللاعبين الذين ذكرت منذ مدة قصيرة: هو، أرغب باللعب معه ولو لمرة واحدة، ثم وجدت نفسي معه في نفس المنتخب. إنني أعتبر مرافقة هذه الطبقة العظيمة فرصة لا تعوض. إنه لم يدعْ شيئًا قطُّ وكل ما يقوم به صائب وموضوعي إن لعب أو لم يلعب. إنه يشكل زُبدة اللاعبين ذوي الخبرة، علمًا أننا حظينا بالعديد منهم. لقد شارك مع المنتخب طيلة تسعة عشر عامًا إلا أنه وبمجرد أن يصل إلى هنا يكتفي بالتفاهم مع ألفونس دون أن يطلب شيئًا. إنه يشكل نموذجًا للجميع. ثم إنك مجبرٌ على الاستماع له، وأذكر جيدًا عندما كنا وحدنا بالملعب في فيلودروم بعد تلقي العقاب كان يهدف حينها إلى كسر الحواجز بيننا، فحدثني عن الحياة تحديدًا الباربكيو التي كان يحب تناولها مع رفاقه. إنها لطريقة مُثْلَى للتأديب تتفوق على إلقاء اللوم والنصائح فوق رأسي».

دوشان:

«إنه الرجل الذي كشف لنا طريق الفوز بكأس العالم. لقد عرف كيف يستفزنا حين وجب ذلك، وكيف يشجعنا حين كنا بحاجة للتشجيع. على الصعيد الشخصي، لقد مدَّ لي يد العون حين كنت بحاجة لها. إن علاقتنا ببعض متينةٌ جدًّا سيَّما أنه يدرك أنه يستطيع أن يُسِرَّ إليَّ بكل شيء. لقد تلقيتُ منه انتقادات كثيرة، كما الحالة بعد مباراة فرنسا-أستراليا...».

إيمري:

«لا أنسى كيف ساعدني على التأقلم مع الفريق، والذي لم يكن سهلًا البتةَ. إنني أحترم هذا الرجل كثيرًا حتى وإن لم يحقق نجاحًا في باريس. لقد أحرز ألقابًا عدة من قبل، وأتمنى له أن يفوز بالمزيد فيما بعد. لقد بعثتُ له برسالة تهنئة عندما وَقَّع العقد مع أرسنال، أما اليوم فأكتفي بمتابعته عن بُعد».

فرنسا:

«رؤية الوطن خلفنا خلال كأس العالم أثر فيَّ كثيرًا. عندما كنا في روسيا، لم نكن نستشعر الحماس الحقيقي حتى اللحظة التي لُوِّح فيها بعلم بلادي ورأينا صور فرنسا عقب تصنيفنا. عندما تشاهد كل هؤلاء الناس في الشوارع تغمرك الرغبة بكسر كل الأرقام فداءً لقميص منتخبك».

هازارد:

«اللاعب الذي واجهتُ هذا العام والذي أثر فيَّ كثيرًا. في المباراة مع بلجيكا في النصف نهائي، بدا رائعًا ومحافظًا على قواعد اللعب. فهو لا يتصرف وفق مزاجيته عندما يتوجب عليه تمرير الكرة حسب قواعد اللعبة. إنه لماكرٌ. حين كنتُ أحيانًا على مقربة خمسة أمتار منه (يبتسم) كان يبهرني بمراوغاته، بسرعة تمريراته، بتلك الكرة الملتصقة دومًا بقدميه وبتلقيه للإرشادات بشكل متواصل مرفوع الرأس دومًا. لقد كان محيطًا بكل جوانب الملعب».

إيسايا:

«إنه ابن أخي جيراس (كامبو المهاجم الأسبق في رين). إننا نتشارك الكثير من الأمور معًا، فأنا متعلق كثيرًا بعائلتي. إن جنوني بكرة القدم لا يبعدني عن ذويَّ سيَّما إيسايا الذي احتفلتُ معه بأول لقب بطولي في موناكو ثم الثاني في باريس. دائمًا ما نتسلّى معًا رغم أن ضريبة ذلك تكمن في عدم السماح لي بالنوم».

يونغ:

«هنا أيضا يتعلق الأمر بلاعب أثر فيَّ كثيرًا خلال المواجهة مع هولندا. إن رؤيته للعب ومهارته في تمرير الكرة التي ساعدته على كسر كل الأرقام جعلت منه لاعبًا هامًّا سيَّما وأنه من النوع الذي يستحوذ على الكرة. بصراحة نحن في باريس نرحب به ولقد أَسْرَرْتُ له يومًا رغبتنا بالتحاقه بنا، وإنه سيُسْدِي لنا معروفًا كبيرًا لو قَبِلَ، ولكن القرار ما زال في عهدته...».

كيليان:

«2018، إنها سنتي أليس كذلك؟ (يضحك) لقد كان العام 2017 استثنائيًّا لي، ولقد قلتُ حينها ستكون سنتي القادمة أفضل. وبصراحة، مع الكثير من الألقاب والكثير من المتعة لم يخبْ أملي أبدًا. لقد التقيت بأشخاص صالحين ساعدوني على التأقلم مع متغيرات كثيرة لم تكن واضحة لي».

لانا:

«إنها ابنة أخي، ولدت هذه السنة. لقد عشت في قسم الولادة لحظة عظيمة أخرى لكل العائلة. أنا الذي يتغذى على كرة القدم، ينام على ذكر كرة القدم ويحلم بكرة القدم أحتاج أيضًا لأنْ أعود إلى جذوري، وأن أنفصل عن هذا العالم وهو ما أحصل عليه تمامًا مع العائلة. أنا مدرك للجهود وللتضحيات التي تتطلبها مسيرة كيليان، لكن الانغلاق داخل قفص أمر غير وارد عندي. ثم إنني حتى وإن كنت حاذقًا حسب اعتقادي فإنني أطلب منهم أن يصارحوني فهم من يحذرني من الهفوات الفجائية ومن المخاطر».

مارسيليا:

«إنها مرحلة مُزعجة، ذلك الإخفاق في المباراة... علمًا أنها انتهت على ما يرام. ما أؤكده أنه في لحظتها لم يكن الأمر ممتعًا، فقد حدث خطأ ما. لكن جزئي الشغوف بكرة القدم لم يفدني، ففي ذلك اليوم انسجمت أكثر من اللازم بمباراة ريال- برشلونة. لقد تعلمت درسًا. ثم إنه في النهاية نسي الجميع إخفاقي بعد أدائي الذي قاد لتسجيل هدفين لنا. الآن أصل باكرًا إلى المقابلات وتوقفت عن مشاهدة المباريات قبل الشوط الثاني كي أتفادى الانغماس بها».

نسيان:

«أرغبُ بنسيان حقبة نيم (بطاقة حمراء إثر خلاف مع تيجي سافانييه) فقد أظهرت حينها وجهي القبيح الذي بت أخجل منه. لم يسبق أن أخذت بطاقة حمراء عندما كنت ألعب مع فئة الشباب، ولذلك ينبغي عليَّ أن أتعلم كيف أسيطر على نفسي. لقد حُرِمت من ثلاث مباريات بدت لي دهرًا، وذلك أسوأ من عقاب المدرسة. في فترة إيقافي الإجباري كنت أتسلى بالبحث على موقع دوري الأبطال عن العقوبات السلوكية التي يستحقها اللاعبون بعد البطاقات الحمراء. وقد اكتشفت حينها أن أنواع العقاب تختلف من لاعب إلى آخر وهو ما جعلني أتعلم مستقبلًا».

طبيب أعصاب:

«أريد أن أعبِّر عن تقديري لذلك الطبيب الذي عالجني بعد اصطدامي بـ«لوبيز» (أنتوني) (بمواجهة ليون 2-1 في كانون الثاني/ يناير). لا ألوم لوبيز على طريقة لعبه فلقد كان أخرقَ. على العكس، عجبت لعدم إطلاق الحكم (كليمون نوربان) صافرة الإنذار. أما عن طبيب الأعصاب، فأتذكر أول لقاء لي معه عندما أعلمني بأنني سأعتزل اللعب لأكثر من أربعة أسابيع، علمًا أن مباراة الريال كانت تقع بعد ثلاثة أسابيع فقط! أخبرته حينها أنني أحترم مهنته إلا أنه عليه إيجاد حل لأتعافى سريعًا؛ لأنني لا أرغب بتفويت هذه المباراة. وبذلك تمكن من وضع برنامج علاجي مكثف».

ضربة جزاء:

«سجلتُ أول ضربة جزاء لي كمحترفٍ في مرمى أيسلندا (2-2). أتمنى لو أُسدد الكثير منها في 2019، فأنا مهاجم يحب تسجيل الأهداف. إن مجموع ضربات الجزاء السنوية في الفرق الكبرى هو من ثمانية إلى تسعة أهداف. وقد يغير العدد الجدول الإحصائي في حال قل أو زاد. أما فيما يتعلق بي، فأتمرن لهذه المهمة التي أعتبرها ذهنية بالدرجة الأولى. ولذلك أخذت يومًا الحارس معي وطفقت أسدد الكرة... ما يجب فعله هو التحلي بصلابة الأعصاب وثبات الحركات، فالهدف الأساسي هو التوصل إلى التحكم بحركاتك».

حلم:

«في ظرف زمني قصير، كل ما حققته منذ سنتين ينتمي إلى عالم الأحلام. أحلم بالطبع بلقب بطل العالم وأن أتطور مع أفضل اللاعبين على الكوكب، إلا أنني كلما استيقظت في تلك الصباحات كنت أقول في نفسي: «توقف عن الحلم فلديك الكثير لتفعله قبل التفكير بكذا». على كل الأحوال، كنت غالبًا ما أحلم حين تتسنى لي الفرصة لذلك. ومنذ ذلك الوقت بدأت بالربح بشكل منتظم. في موناكو ربحتُ في مباراة من اثنتين، تلك التي خضتُ في دوري الأبطال (يضحك) أما في باريس فأظن أن الربح تكرر أكثر».

رباعية:

«لقد نجحتُ بها في فئة الصغار، لم أحظَ بها في فئة الشباب وحظيت بها قليلًا مع المحترفين. أضف إلى أنني لم أحظَ بها في المباراة الكبرى (بمواجهة ليون 5-0) بمواجهة الفريق الأكثر قدرة على وضعنا أمام الصعوبات لهذا الموسم. لقد شكَّل الأمر رسالة لكل الفرق: متى اشتدت الرغبة بشيء زادت صعوبته.

إنْ درستَ مباراتي للاحظتَ أنه كان بإمكاني تأدية دوري بطريقة أفضل، فقد كنت أستطيع تحقيق سبعة أهداف. لحسن الحظ أن أحدًا لن يتذكر الأهداف الثلاث الضائعة بعد خمسة عشر عامًا، بل سيتذكر الجميع الأربعة الأهداف التي حققت. لا زلت أحتفظ بزي الفريق، بالكأس وبالكرة التي وقع عليها كل زملائي. إنني احتفظ بكل شيء: أجمع البدلات، الكؤوس، الكرات...».

ذكريات:

«أملك الكثير من الذكريات حتى عمر التاسعة عشرة. لكنني سأحتفظ منها بمشهد واحد للعام 2018، والذي سيكون مشهد عودتنا إلى فرنسا بعد الفوز بكأس العالم. لقد كنت آنذاك رافضًا للرحلة في الباص؛ لأنني كنت أجد الأمر مبالغًا فيه، وكنت أعتقد أن الرحلة ستضعف نشوة الفوز لدينا. إلا أننا خضنا التجربة لحسن الحظ فأنا ما زلت أتذكر تلك الجموع في باحة الشانزيليزيه. لقد كان مشهدًا عظيما...».

تقنية الفار:

«هي ما جعلني أتألم. إن خوض نهائي كأس العالم أمر استثنائي. وبصدق أقول إنني لم اختبر التجربة كما يحلو لي. فبعد أن كنتُ معتادًا على قوقعتي الكروية وجدت نفسي خارجها. في فترة الست والخمسين دقيقة التي توقفت فيها عن اللعب ذهبتُ بأفكاري بعيدًا بعيدًا... ولوهلةٍ أخذني التفكير إلى كل شيء عدا المباراة، ثم أخذت أراقب العرض، وتارة أفتش عن عائلتي بين الجموع، وفجأة قلت في نفسي: (يا إلهي! أنت الآن في نهائي كأس العالم)».

فنغر:

«إنه لصرحٌ كروي فرنسي حقيقي انتقل من أرسنال. لم أرَ في حياتي لاعبًا حَظِيَ بالإجماع مثله. فانحناء أوروبا كلها على ركبتيها تعظيمًا له واحتفاءً به لأمرٍ يعني الكثير حتمًا. لقد كنت على اتصال به في 2017 قبل أن أوقّع العقد مع باريس سان جرمان. لقد اختار وجهة مختلفة رغم عدم قبوله، لكنه تمنى لي الحظ الجيد في النهاية».

مجهول:

«أن نحافظ على مؤهلاتنا لتخطي مسار دوري الأبطال لهو المجهول بالنسبة لي. فهل سنصل إلى مبتغانا؟ نحن نملك اللاعبين، نملك الفريق، نملك المساندين، الوسائل، ولكن هل نملك التفكير؟ قد نحقق الكثير إن وظفنا كل طاقاتنا».

جوائز:

«جماعيًّا أم فرديًّا، حصدتُ العديد منها هذا العام. أنا لا أَمَلُّ أبدًا بل أتلقى مكافأتي بالحصول عليها. بما أنني أقضي أغلب وقتي مع زملائي وأنام معهم سيبدو ختام عامي صعبًا إن لم يتوّج بالفوز، وسأشعر كما لو أنني أضعت أحد عشر شهرًا. في باريس، لا مجال للفتور عند أولئك الذين التحقوا بالفريق منذ الاستثمار القطري في قطاع كرة القدم، أو للذين ربحوا لقب بطل الفيفا للمرة الخامسة. ففي كل نهائي يكفي مراقبة ملامح اللاعبين لملاحظة نهمهم للفوز. أما عني، فقد جمعتُ كل الكؤوس في غرفة واحدة ويحصل أن أتنقل بينها غالبًا بعد العودة من هزيمةٍ ما لأرتاح».

منقطع النظير:

«لا أرغب أن يكون عامي هذا 2018 فريدًا من نوعه، بل أرغب بأن يُشكِّل خطوة للأمام وأن يفتح لي الأبواب للحصول على سنوات منقطعة النظير».

نعم نستطيع:

«فعلناها! لقد أعلنت عن طموحاتي قبل كأس العالم قائلًا: إننا نملك كل المقومات للذهاب إلى النهاية. لم يكن قولي هذا مفهومًا للبعض إذ اعتبروه مجرد غرورٍ. لقد جرحني هذا النقد علمًا أن أي نقد لم يؤثر فيَّ منذ أن بدأت مشوار كرة القدم. لقد اعتبروا طموحي الجماعي فرديًّا. وعندما قلتُ إننا سنذهب إلى روسيا لنربح جُوبهت بالقول: «مَنْ يحسب نفسه؟». ولقد أدركت حينها أنهم لا يرون ما أراه. أما ما أضحكني في ختام المنافسة هو قول البعض: «لقد فاز بفضل الفريق». وهو ما أتبناه حكمًا، فكل لاعب يتم اختياره ليتطور في قلب الفرق الكبرى لا ليحمل قناني المياه بيده».

زيدان:

«سأضعه في أبجديتي كل عام. لقد اعتزل اللعب بعد أن رَبِحَ دوري الأبطال ثلاث مرات على التوالي وهو ما أدهشني حينها. إنه رجل عظيم حتمًا. لقد التقيت به منذ مدة قريبة وأعترف أنه الشخص الوحيد الذي أشعر أمامه بأنني صغير، فهو يملك تلك الجاذبية التي تشعرك أنك تقف أمام خمسة عشر شخصًا وليس شخصًا واحدًا. فهل سَأَلْقَى نفس مسيرته يومًا ما؟ لِمَ لا؟ فلو قيل لي منذ سنتين إنني سأصل لما وصلت له اليوم لما صدقت. إن الله يعرف حتمًا مدى ثقتي بنفسي ومدى اقتناعي بأحلامي. إذًا، السير على خطى زيدان يومًا ما سيكون فخرًا لي».

12 - معجبوه

حفل من الثناء

آرسان فنغر، في 9 آذار (مارس) 2018، خلال مؤتمر صحافي:

«مبابي يذكرني بتييري هنري الشاب، مع نفس النظرة الماكرة، نفس مهارات الذكاء حين يتنقل ونفس الوحشية في منطقة الجزاء. أظن أنه ذو موهبة استثنائية واعدة بمستقبل باهر».

ديدييه دوشان، 16 آذار (مارس) 2018، متحدثًا عن أول مشاركة لكيليان في منتخب فرنسي:

«إنه يافع، إلا أن مهاراته وموهبته لا عمر لهما. كنت أعتقد أنه الوقت المناسب ليلتحق بنا. فأنا أجده ناضجًا جدًّا. إنه قادر على امتهان الذكاء على أرض الملعب. صفاؤه وهدوؤه أمام حراس المرمى هما أساس قوته. ولهذا هو كثير النفع».

MBAPPE
7
MEUNIER
12
VERRATTI
6
RABIOT
25
DI MARIA
11
KIMPEMBE
3

يوري ديوركاييف،

31 آذار (مارس) 2018، لموقع sofoot.com:

«شخصيًا، لا أعتقد أنني أبالغ في تقديري لمبابي. فما ألاحظه أحلله، وعندما يروقني أجد لزامًا عليَّ أن أعبر عنه. أما عن سلوكه فهو يستحق الثناء أيضًا. فنضجه يجعل منه مثالًا يحتذي به كل الشبان في مراكز التدريب. لاحقًا، نعم، من المحتم في وقت ما أن يمر بمراحل ضعف، إنه لأمر ضروري لكنه ليس بالخطير».

رايمون دومينيج،

11 نيسان (أبريل) 2018 لمجلة l'Equipe:

«أتذكر رونالدو البرازيلي في الألعاب الأولمبية للعام *1996*، إن مبابي بنفس مستواه، فهو يملك ميزات لاعب من الطبقة العالمية، وعليه أن يعرف كيفية التعامل مع الأمر: هو وحده القادر على أن يقرر بين أن يكون رونالدو أو يكون أنيلكا».

كريم بنزيما، 17 أيار

(مايو) 2018 لمجلة l'Equipe:

«آخر لاعب شاهدت فيه مثل هذه القوة وهذا النضج - نيمار».

جيالوجي بوفون،

30 نيسان (أبريل) 2018 أمام ميكرفون beIN الرياضية:

«إنه لمن المحفز جدًا معرفة أنني ألعب مع ميسي المستقبلي أو رونالدو أو حتى نيمار، وأن أستطيع مواجهة لاعبين لم يكونوا قد ولدوا بعد حين كنت أبدأ مسيرتي الكروية. من خلال ما تمكنت من مشاهدته أقول: إن مبابي يملك موهبة لا تصدق. كما وأنه يبدو متوازنًا. إنه لفتى صالح. وكل هذا سيساعده في مسيرته التي بدأت تبدو ناصعة».

جيورجيو شييليني،

3 أيار (مايو) 2018، في المنطقة الإعلامية بعد مباراة الذهاب بين موناكو ويوفنتوس من النصف نهائي لدوري الأبطال:

«إن مبابي هو الأعجوبة المستقبلية. إنه لأمر جلي».

زين الدين زيدان،

20 تموز (يوليو) 2018 على قناة ESPN Mexico:

«إن مبابي ماهر. إنه يمثل موهبة ابن الثامنة عشرة، بالإضافة إلى تحليه بشخصية بارزة».

تييري هنري،

26 آذار (مارس).2018 خلال مقابلة مع Canal Football Club:

«لا أحب مقارنة اللاعبين ببعض. على مبابي أن يصبح مبابي، هذا كل شيء ولا شيء أفضل منه... وهو ما أفضله، ثم إنني التقيت به وقد ترك عندي حينها انطباعًا بأنه شخص متوازن. أحب مشاهدته يلعب سيَّما أنَّ لَعِبَه نابع عن تفكير».

ليونيل ميسي،

25 تشرين الثاني (نوفمبر) 2018 في Marca:

«يدَّعي الكثير من اللاعبين اليوم القدرة على الحصول على الكرة الذهبية. في السنوات الأخيرة كنا اثنين (مع رونالدو)، أما في الوقت الراهن فبعض اللاعبين كنيمار أو مبابي أو سواريز يستطيعون الطموح إلى هذه الجائزة».

دافيد تريزيغيه،

18 حزيران (يونيو) أمام ميكروفون الـRMC الرياضية:

«لقد وصل إلى مستوى عالٍ جدًا في ظرف سنة واحدة، إلا أنه يجب عليه أيضًا رفع مستواه، فهو يملك الرغبة، يملك الإرادة ويحظى بكل المؤهلات لذلك. أظن أن الأجواء في موناكو قد تكون نافعة له».

بيب غوارديولا،

16 أيلول (سبتمبر) 2018 خلال مؤتمر صحفي:

«لا يمكن لأحد الجلوس على نفس الطاولة مع ميسي. ربما مبابي... لاعب من الصف الأول والذي سيصبح استثنائيًّا، أنا متأكد من هذا. إلا أنه علينا الانتظار ليصل لما فعله ميسي أو كريستيانو خلال *10* أو *12* سنة...».

سيرجيو راموس،

29 تموز (يوليو) 2018 خلال مؤتمر صحفي:

«مبابي يملك دافعية كبيرة وهو أمر نادر عند اللاعبين الشباب».

أندريا بارزالي،

3 أيار (مايو) 2018 بعد مباراة الذهاب بين موناكو ويوفنتوس من النصف نهائي لدوري الأبطال:

«لقد التقيت بلاعبين جيدين خلال سنوات، ولكنني لم ألتقِ قطُّ بمثله. لقد درسنا طريقة لعبه من خلال مقاطع مصورة، إنه لاعب مُدَمِّر. فرغم عمره اليافع، يملك السرعة، التقنية، الطاقة الجسدية، يتنقل جيدًا، يقطع المسارات. إنه يملك خارطة الهدف».

يوري دوركاييف، 30

آب (أغسطس) 2018 لمجلة Figaro:

«إن هذا الفتى يقوم بأمور لا تُصَدَّق، إنه لشيء جيد. غالبًا ما يتم انتقاد قلة الخبرة والشباب عند اللاعبين، وإنهم يأخذون هذه المهنة على محمل الجد، أما هنا، فنحن أمام مبابي أي بدون شك أحد أكبر الموهوبين في عالم كرة القدم الذي يدرك جيدًا ما يعنيه الاحتراف. هذا الفتى، شبيه نيمار، يعود بالنفع على كرة القدم. إنه سعيد وبعيد عن الادعاء بما ليس فيه».

آرسان فنغر،

6 أيلول (سبتمبر) 2018 أمام ميكرفون beIN الرياضية:

«إن مبابي هو بيليه الجديد. إنه يملك الكاريزما، الشخصية والثقة بالنفس».

نيمار،

12 أيلول (سبتمبر) 2018 لـ BeIn الرياضية بعد مباراة ضد سلتيك في دوري الأبطال:

«إنه لمن الممتع اللعب مع كبار اللاعبين. لن يتبقى له (أي مبابي) الكثير ليصبح لاعبًا عظيمًا، حتى وإن كان يافعًا. إنه يملك مساحة واسعة ليتطور وأنا حقًّا سعيد لذلك».

نيمار،

27 أيلول (سبتمبر) 2018 لـ BeIn الرياضية بعد مباراة ضد بايرن في دوري الأبطال:

«أشعر أنه بعمر الثلاثين، إنه مكتمل وناضج جدًا. إنه لمن دواعي سروري أن ألعب معه. إنه لاعب يثير قلق الآخرين، وسيدخل اسمه في المنافسة على الكرة الذهبية».

أوناي إيميري،

29 أيلول (سبتمبر) 2019 في مؤتمر صحفي قبل حفل استقبال فريق بوردو:

«يمكنه اللعب في كل مواقع الهجوم، على اليسار، في الوسط، على اليمين. لقد أثبت بالفعل ما أقوله».

لودوفيك جيولي،

12 تشرين الأول (أكتوبر) 2018 لـ RMC:

«إن مبابي أكثر احترافًا من ميسي حين كان بعمره. فهو يعرف أكثر كيف يتحكم بجسده. ليو كان يعاني من مشاكل صحية في مرحلة النمو، ولذلك كان الأمر أكثر تعقيدًا بالنسبة إليه. أما كيليان فهو يملك إيجابية معرفة نفسه واستجماعه لقواه».

جاري لينيكير،

8 تشرين الأول (أكتوبر) 2018 عبر تويتر:

«إن مبابي يمثل الدعاية القاطعة نظرًا لعمره».

داني آلف،

21 تشرين الأول (أكتوبر) لصحيفة Parisien:

«إنه يذكرني بتييري هنري. لقد لعبتُ معه. إنهما يملكان الكثير من نقاط الشبه. مبابي شاب ولكنَّ

ليوناردو جارديم،

12 أيلول (سبتمبر) 2018 لفرانس فوتبول:

«مبابي، اللاعب الأفضل فيمن التقيتَ بهم؟ في عمره، نعم. لقد تطور كثيرًا».

دييغو مارادونا،

15 كانون الأول (ديسمبر) 2018 في موناكو:

«أعتبر مبابي هو التجلِّي الحقيقي للعبة كرة القدم. لقد نصحت فلورنتينو (بيريز) بأن يستقدم مبابي. قلتُ ذلك له عندما التقيتُ به في الفيفا».

تطوره سريع جدًّا، كما وأنه يملك ميزات يصعب تصديقها. إنه لشرف لي أن أتطور مع لاعبين بمثل مستواه. لقد حالفني الحظ بمرافقة البعض منهم. بدون أدنى شكٍّ، إن مبابي لاعب كبير».

بيليه، 15 كانون الثاني (يناير) 2019 لفرانس فوتبول:

«لقد ربح كأس العالم في التاسعة عشرة من عمره، أما أنا فكنتُ أبلغ من العمر سبعة عشر عامًا فقط. لقد قلت له ممازحًا إنه أوشك على موازاته. أظن أنه يستطيع أن يصبح بيليه الجديد. كثيرون يظنون أنني أقولها ممازحًا إلا أن الأمر ليس بمزحة».

ليوناردو، 29 تشرين الأول (أكتوبر) 2018 في مقابلة على +Canal:

«إنه لمن المحتم أنه يستطيع الفوز بالكرة الذهبية، لكن عليه أن يجتاز مسارًا طويلًا».

كريم بنزيما، 12 تشرين الثاني (نوفمبر) 2018 لـCanal Foot Club:

«يدهشني مبابي لأنه يافع، خصوصًا في مباريات دوري الأبطال؛ حيث المستوى مرتفع جدًّا. بالنسبة لشاب مثله مفعم بالثقة، إنه يغامر كثيرًا، فمجرد لمسه الكرة يعني حدوث أمرٍ ما».

جاري لينيكير، 5 كانون الأول (ديسمبر) 2018 على مسرح BT الرياضية:

«يُذكرني بالبرازيلي رونالدو. إنه يملك كل شيء: القوة، الذكاء والفاعلية أمام الهدف».

فلوران بالمون، الأول من كانون الأول (ديسمبر) 2018 لـl'Equipe:

«أظن أنه يملك ميزات غير طبيعية، وأنه سيحقق نجاحات عظيمة إن حافظ على تواضعه. إنه لاعب فريد من نوعه».

هريستو ستويتشكوف، الأول من كانون الأول (ديسمبر) 2018 لـOmnisport بعد سحب كأس العالم:

«سيلحق بهما بعض اللاعبين (أي ميسي ورونالدو) كنيمار أو لويس سواريز، أو بعض اليافعين مثل مبابي وديمبيليه. وسيتنافسون على الكرة الذهبية في المستقبل».

بول شول، 5 كانون الأول (ديسمبر) 2018 على مسرح BT sport:

«إنه أفضل لاعب في العالم اليوم».

فرانك لامبارد، 5 كانون الأول (ديسمبر) 2018 على مسرح BT sport:

«لقد بات محتومًا أنه سيصل لمستويات أعلى».

جبريل سيسيه، 10 كانون الأول (ديسمبر) 2018 عبر تويتر -ردًّا على هذه التغريدة:

«إنه لمن الجرأة أن يُقارِن غي رو مبابي بسيسيه...»-:

«تقنيًّا، مبابي يبعد عني كيلومترات، إلا أنه بالنظر إلى مستوى سرعته وفاعليته وعدد أهدافه أظن أن حظه كبير».

كزاي ألزنزو، 11 كانون الثاني (يناير) 2018 بعد قرعة دوري الأبطال:

«لقد برز بطريقة هائلة. سيحظى بمستقبل لامع على ما أظن. لكن لا يجب التسرع فهو لم يبلغ أكثر من ثمانية عشر عامًا، وأمامه الكثير من السنوات ليتطور».

Un ouvrage réalisé par les éditions Solar et *L'Équipe* à partir des articles
publiés dans l'hebdomadaire *France Football* et le quotidien *L'Équipe*.
Patrick Urbini, *France Football* du 2 mai 2017
Cindy Jaury et Timothé Crépin, *France Football* du 29 août 2017
Vincent Villa, *L'Équipe* du 28 août 2017
Sébastien Tarrago et Vincent Villa, *L'Équipe* du 8 septembre 2017
Guillaume Dufy, Sébastien Tarrago et Fabien Touati, *L'Équipe Mag* du 4 novembre 2017
Pascal Ferré, *France Football* du 19 décembre 2017
Cindy Jaury, *France Football* du 27 décembre 2017
Sébastien Tarrago, *L'Équipe* du 27 décembre 2017
Damien Degorre, *L'Équipe* du 4 janvier 2018
Vincent Villa et Pascal Ferré, *France Football* du 24 juillet 2018
Patrick Urbini, *France Football* du 23 octobre 2018
Arnaud Tulipier, *France Football* du 4 décembre 2018

Crédits iconographiques

Photos *L'Équipe* : Laurent Argueyrolles, Sébastien Boué, Franck Charel, Franck Faugère, Jean-Louis Fel,
Félix Golési, Pierre Lahalle, Stéphane Mantey, Alex Martin, Richard Martin, Alain Mounic,
Frédéric Porcu, Jérôme Prévost, Aléxis Réau, Franck Seguin

Sauf : page 8 © Nike – page 10 © DR – page 12 gauche © DR, centre © Liberté Bonhomme Libre -
page 13 © Gif Cup – page 14 © DR – page 17 © DR – pages 18 à 23 © Magali Delporte –
page 26 © DR – page 37 © DR.

Couverture :
1ère de couverture et premier rabat : © Pierre Lahalle / L'Équipe
4e de couverture : © Gif Cup (gauche) ; © Nike (droite)
Second rabat : © Jérôme Prévost / L'Équipe.

SOLAR
www.solar.fr

Direction: Jean-Louis Hocq
Direction éditoriale: Jean-Philippe Bouchard
Assistant d'édition: Maxime Lafon
Maquette intérieure & couverture: Paul Raymond Cohen
Fabrication: Emmanuelle Laine
Photogravure: Graphium

france football

Édition: Laurence Gauthier et Jean-Christophe Bassignac.
Iconographie: Antony Ducourneau
Remerciements à Pascal Ferré, Rédacteur en chef de *France Football*, pour son soutien et sa collaboration.

Imprimé en France par PPO Graphic